PILLAY marie elda

COMMENT REUSSIR SA VIE

Prenez votre vie en main

Vivre sa vie pour la réussir

© 2009, édition cratère
Impression : books on demand, Norderstedt, Allemagne
ISBN : 978-2-917462-04-1
Dépôt légal : Janvier 2009

Mot de l'auteur

Voulez-vous que votre vie change ou s'améliore pour de bon ?

Voudriez-vous enfin atteindre, vos objectifs et avoir une vie bien plus riche et passionnante ?

Et surtout ne plus avoir à souffrir inutilement ?

Et si tel est le cas, Voulez-vous savoir comment faire pour y arriver ?

Voulez-vous enfin avoir la vie que vous méritez d'avoir ?

Alors lisez ce qui suit ça devrait vous plaire.

Vous faites alors certainement partie de ces personnes qui ont décidé de prendre leur vie en main et s'offrir toutes les chances d'atteindre leurs objectifs ...

Ce que je vais vous dire va vous paraître étonnant et pourtant c'est la réalité.

J'ai eu la chance de connaître des coups durs très jeune dans ma vie

Pourquoi de la chance ?

Parce que ces coups durs m'ont vite fait comprendre que le bonheur et la réussite ne dépendait pas de la réalité extérieure mais de la manière que j'avais de me gérer moi-même.

Dès que vous avez une meilleure connaissance et maîtrise de vous-même tout change :

   -Vous savez quoi faire pour vous libérer d'un stress pendant que les autres le subissent

   -Vous n'avez plus d'anxiété ou d'angoisse parce que vous avez d'avantage conscience de vos ressources et capacité.

   -Plus vous avez conscience de vos capacités plus votre confiance en vous augmente

   -Et pourquoi être déprimé quand on sait exactement quoi faire pour générer en soi-même le bonheur et le bien être.

   -C'est connu, les gens heureux sont moins malades que les autres

   -Quand on est bien avec soi-même tout vous réussi

   Et ce qui est merveilleux, c'est que les autres perçoivent ce changement en vous

...

... VOUS DEVENEZ UNE PERSONNE QU'ON APPRECIE DE CONNAITRE

Si je me suis intéressé au développement personnel très jeune c'est parce que comme vous j'en avais assez de souffrir inutilement et surtout parce que j'avais envie que ma vie soit heureuse.
Naturellement ça a pris un peu de temps pour ça, mais les progrès que je réalisais chaque jour m'encourageaient à continuer et aujourd'hui pour rien au monde je n'échangerais ma vie contre celle d'un autre.

Je ne veux pas vous raconter d'histoire et encore moins vous faire croire au miracle mais une chose est certaine, tant que vous ne ferez pas ce qu'il faut, rien ne changera pour vous.

Et toute remise à plus tard ne fera que remettre à plus tard aussi votre bien-être et votre réalisation personnelle.

Je me souviens d'une phrase:

"C'est pire de savoir et de ne pas faire
que de ne pas savoir du tout"

Alors maintenant que vous savez qu'allez vous faire ?

- Continuez à subir vos maux ?

- Vous priver du meilleur et de la possibilité de voir votre vie changer ?

- Allez-vous vous trouver encore une excuse pour remettre à demain ?

Ou enfin une bonne raison de vous donner les moyens de voir votre vie s'acheminer vers le bien-être et l'accomplissement.

Allez-vous enfin faire partie de ceux qui savent pleinement bénéficier de leur vie à tous les niveaux :
Si c'est votre cas alors lisez la suite:

PILLAY marie elda

SOMMAIRE

37 secrets pour réussir dans la vie

1- Donnez un sens à votre vie : si vous avez un but, si vous marchez toujours dans la même direction, vous aurez une raison d'être et cela vous rendra heureux.

2- Etablissez vos priorités : le temps vous manque et vous n'en aurez pas assez pour faire tout ce dont vous rêvez. En connaissant vos priorités, vous éviterez de gaspiller votre temps et l'investirez dans ce qui vous importe le plus.

3- Ne cessez jamais d'apprendre : découvrir et apprendre sont les secrets de la jeunesse éternelle.

4- Cherchez en vous ce qui vous rend heureux, et faites tout pour l'obtenir. Une fois trouvé, aucune concession ne devrait vous empêcher d'atteindre ce but.

5- Pour aimer et vous faire aimer, aimez-vous vous-même !

6- Ne vous limitez pas dans vos compte tenus : c'est vous-même qui avez fixé ces limites. Voir plus loin que celles-ci suffit à vous rendre capable de faire mieux.

7- N'ayez pas peur de vous fixer des objectifs ambitieux : même si vous ne les atteignez pas, vous dépasserez tout de même vos objectifs plus modestes.

8- N'ayez pas peur de l'échec : l'échec n'est pas une situation définitive, à moins que vous ne le vouliez.

9- Arrêtez de vous faire du souci : 99% de vos soucis ne se réalisent jamais ! Rendez vous compte du temps que vous pourriez gagner.

10- Tout est relatif : votre bonheur de vivre dépend de la manière dont vous percevez votre vie. Si vous avez décidé que votre situation est désastreuse, elle sera vue comme telle. Si vous considérez qu'il y a pire, tout s'arrangera bien vite. Ne faites pas une montagne pour ce qui n'est pas nécessaire. Restez cool, relax, cela ne sert à rien de se tracasser.

11- Ne regrettez jamais le passé : ce qui est fait est fait. Mais votre avenir, lui, peut changer. Regardez de l'avant !

12- Evitez des difficultés inutiles : si vous rencontrez un obstacle, ne vous fatiguez pas à vouloir passé à travers. Contournez-le ! Il existe une infinité de façons de parvenir à vos fins.

13- Evitez la contrainte : avant de poser un acte, réfléchissez à ses conséquences. Faîtes bien attention à ce qu'il ne vous contraigne pas dans vos réelles priorités.

14- Vous êtes libre de vos choix : Si une situation ne vous plaît pas, vous pouvez toujours la changer. C'est vous et personne d'autre qui décide.

15- Profitez de l'instant présent : goûtez chaque seconde qui passe de votre vie. Vos meilleurs souvenirs ne sont pas forcément vos meilleurs moments, mais ceux que vous vivez intensément.

16- Faîtes des pauses de temps en temps : fixez-vous des buts, mais n'attendez pas de les atteindre pour profiter de la vie. Prenez le temps de considérer tout ce que vous avez déjà accompli. Ressourcez-vous : stoppez vos pensées qui vont dans tous les sens. Mettez vous dans un coin tranquille, prenez quelques bonnes bouffées d'air frais, mettez tous vos sens en éveil et profitez. Vous êtes calme et détendu, vous êtes simplement heureux de vivre.

17- Pratiquez la relaxation et la méditation ; c'est un remède efficace contre le stress, qui est un facteur d'accélération du vieillissement, 20 minutes de relaxation profonde équivalent à quelques heures de sommeil.

18- Voyez toujours le bon côté des choses et votre vie changera pour le meilleur. Il y a toujours deux façons de voir les choses, mais une seule vous fera réussir.

19- Soyez toujours intéressé et à l'écoute des autres, et les autres vous le rendront au centuple.

20- Ne sous-estimez jamais la puissance de vos pensées : celles-ci façonnent votre caractère, et attirent des circonstances correspondantes dans votre vie.

21- Cultiver des bonnes pensées en permanence vous fera évoluer sans effort : les pensées transparaissent sur votre visage et se traduisent dans votre comportement. Souvent, le seul fait de cultiver des bonnes pensées peut suffire à attirer des évènements correspondants.

22- Evitez les gens ou les sujets qui peuvent vous nuire : ainsi, vous ne subirez plus de critiques infondées à votre égard, qui restreignent vos idées et vous freinent dans votre évolution personnelle.

23- Entourez-vous de personnes qui en savent toujours plus que vous : Vous allez ainsi être tiré vers le haut et progresserez à pas de géant. Bien loin d'avoir compris les bienfaits de cette attitude, beaucoup de gens stagnent car elles aiment cultiver leur supériorité en compagnie de personnes qui leur sont inférieures.

24- Intéressez-vous au développement personnel, le meilleur des investissements est celui dans vous-même. La plupart d'entre nous n'utilisent que 10% de leurs capacités. Ne voulez-vous pas savoir comment exploiter les 90% qui sommeillent en vous ? La découverte de soi est un projet passionnant dont on n'a jamais fini d'apprendre.

25- Apprenez à remercier : remerciez DIEU, remercier la vie, bref tout ce que vous possédez et tout ce que vous entoure. Adopter un réel état de profonde gratitude par rapport à une chose vous permet d'en prendre conscience et de mieux en profiter. Si vous désirez une chose intensément, remerciez comme si vous l'aviez déjà. Cela vous mettra dans un état de disponibilité tel que vous allez naturellement et attirer cette chose à vous.

26- Soyez généreux : Ne gardez pas ce que vous avez ou servez pour vous. En donnant, vous recevrez bien plus en retour.

27- Libérez-vous de vos préjugés : les préjugés vous limitent dans vos pensées et par conséquent dans vos actions. Vous vous fermez ainsi à une multitude d'opportunités. Les idées préconçues sont un véritable fléau contre le progrès. N'acceptez pas une vérité toute faite sans l'avoir d'abord vérifier par vous-même.

28- Vous n'êtes pas obligé de faire comme tout le monde : agir différemment des autres, au contraire, cela prouve que vous avez de la personnalité.

29- N'essayez pas d'être<<normal>> : il n'y a pas de norme. Vous comparez aux autres est comme si vous vouliez comparer une pomme avec une poire.

30- Ne vous souciez pas du regard des autres : soyez vous même. Vous êtes unique, votre différence fait votre force. Cultivez-là !

31- Soyez influent mais pas influençable : apprenez par vos propres expériences. Vous seuls savez ce qui est bon pour vous. En agissant de la sorte, non seulement vous ne dépendez pas de l'opinion des autres, mais vous agissez aussi en leader. Vous développez ainsi une influence et ce sont les autres qui vous suivrez.

32- Complimenter vous grandit : n'ayez pas peur de reconnaître le positif en l'autre. Les personnes qui ne savent pas reconnaître une qualité chez l'autre, ont en fait peur de le faire. La raison est qu'elles ont inconsciemment besoin de se prouver qu'elles possèdent aussi des qualités. Au contraire, une personne sûre d'elle n'hésite pas à complimenter et à féliciter un autre quand le travail est bien fait.

33- Evitez les relations superficielles : passez plus de temps avec ceux qui vous sont cher.

34- Soyez tourné vers le monde et le monde viendra à vous : si vous vous fermez comme une huître, personne ne viendra vous parler. Comment voulez vous obtenir ce que vous voulez si personne ne le sait. Souvent, il suffit juste de demander. C'est à vous de faire le premier pas.

35- Soyez ouvert aux nouvelles rencontres : chaque rencontre peut devenir un véritable ami, un nouveau partenaire professionnel, voir même quelqu'un qui peut vous aider à réaliser vos rêves.

36- Rendez service gratuitement et les autres vous aideront à leur tour.

37- Ne parlez jamais de vous à moins que l'on vous le demande : parler de soi ennuie. Posez des questions sur l'autre et il s'intéressera de lui-même à ce que vous faîtes.

7 trucs pour réussir sa vie

Comment faire pour créer sa vie, chacun se le demande un jour ou l'autre. Voici 7 trucs pour réussir à créer la vie que vous voulez.

1) Créer votre vie en rêvant et en l'imaginant

Pour pouvoir obtenir quelque chose, il vous faut tout d'abord l'avoir rêvé et désiré. C'est d'ailleurs ce que font tous les grands inventeurs qui sont des créateurs de génie. Il ne doit tout de même pas être plus difficile de créer sa vie que de créer un avion, un sous-marin, une fusée ou un parachute. Et vous savez que Léonard de Vinci ou Jules Vernes, pour ne citer que les plus connus, ont tous les deux commencé par rêver et imaginer les inventions qui allaient voir le jour bien longtemps après leur mort.

2) Créer votre vie en l'écrivant

Rêvé sa vie ne suffit pas. Le pas suivant est d'écrire de façon détaillée tout ce que vous voulez obtenir. Tout comme vous allez noter la liste de vos commissions pour le supermarché, il s'agit d'une commande que vous passez à l'Univers ou à vous-même et à votre inconscient en quelque sorte. Et plus votre « lettre » sera claire et précise (dates, descriptions, etc.) plus vous obtiendrez facilement ce que vous désirez. Ce pas est essentiel, car vous allez vous appuyer sur cet écrit que vous ferez au présent pour bien affirmer votre certitude de voir le résultat se concrétiser.

3) Créer votre vie en pansant souvent au résultat désiré

Une fois que vous avez écrit ce que vous désirez obtenir, comme si vous l'aviez déjà obtenu, vous allez y penser souvent. Et le meilleur moyen sera de lire et relire cette « lettre » que vous avez envoyée dans l'Univers. Sachez que seule la répétition peut vous assurer du résultat, comme si votre pensée répétée au fil des jours, des semaines et des mois transformait le sillon en chemin puis en route et enfin en autoroute menant au but.

4) Créer votre vie en visualisant souvent le résultat désiré

La pensée ne va pas suffire, vous allez y associer la visualisation qui renforcera tout ce que vous avez fait jusqu'alors. Chaque fois que vous relisez ce que vous désirez, visualisez-vous tel que vous serez en ayant obtenu le résultat. Vous visualiser riche par exemple, c'est vous voir souriant et dans la maison de vos rêves, réalisant peut-être un autre rêve, aidant sans doute vos proches. Détaillez dans votre visualisation le résultat obtenu, et non les moyens d'y parvenir. Ceci est très important.

5) Créer votre vie en sensorisant souvent le résultat

Imaginez, pensez, visualisez, tout cela est nécessaire mais pas encore suffisant. Si vous voulez vraiment obtenir la vie que vous voulez et donc créer votre vie, je vous invite à sensoriser, c'est-à-dire à ressentir exactement les sentiments, les émotions qui seront les vôtres une fois le résultat obtenu. Ressentez donc la joie vous envahir, un sentiment de sécurité ou bien l'amour vous envahir. Ressentez votre fierté d'avoir déjà réussi. Ressentez dans votre corps votre guérison ou/et votre bonheur. Soyez prêt à bondir de joie et de reconnaissance !

6) Créer votre vie en agissant comme si vous aviez obtenu ce que vous désirez

Lorsque vous avez imaginé, pensé, visualisé et sensorial comme je vous l'explique plus haut, il vous faut encore agir comme si vous aviez déjà obtenu ce que vous désirez. (Pas en signant des chèques sans provision ni en arrêtant de prendre vos traitements médicaux bien sûr !)

Agir comme si vous aviez déjà obtenu le résultat escompté, c'est vous comporter comme si, donc avec la même joie, la même sérénité, la même bienveillance etc. dans tous les actes que vous posez. Cela signifie donc que vous allez dorénavant sourire, aux autres et à la vie, ne plus vous plaindre bien sûr et marcher avec assurance vers le succès.

7) Créer votre vie en étant positif, enthousiasme et absolument certain du résultat

Ceci vous amène tout naturellement à être positif et enthousiaste. Vous allez ressentir fortement la certitude que tout ce que vous souhaitez pour vous (ne mêlez pas les autres à cette création de votre vie) va se réaliser et est déjà en cours de manifestation, même si vous ne le voyez pas encore. Tout comme le paysan se réjouit pendant l'hiver du blé qui va forcément sortir, pousser et donner du grain abondant puisqu'il l'a semé à l'automne !

Cet enthousiasme et cette positivité, cette assurance que tout est en train de se mettre en place au mieux de vos intérêts vous donnent une sérénité et une joie immédiates, et sont les meilleurs facteurs de réussite de votre vie !

Changer de vie

Pour changer de vie il faut simplement se poser des questions et tenir compte des réponses que l'on obtient.
N'oubliez pas non plus que tout ce que votre esprit peut concevoir, vous soyez capable de le réaliser. Il suffit de faire preuve de créativité.

Vous trouverez ci-après une liste de questions susceptibles de provoquer un changement important dans votre vie.

- Que pourriez vous accomplir si vous trouviez la force d'agir dès à présent ?
- Quelles sont les décisions que vous avez prises ou n'avez pas su prendre dans le passé dont vous mesurez les conséquences aujourd'hui ?
- Quelle leçon, tirée de vos erreurs passées, peut vous être utile pour améliorer votre vie actuelle ?
- Quel geste simple pourriez-vous transformer l'invisible en visible ?
- Quel genre de vie souhaiteriez-vous avoir ?
- Qu'aimeriez-vous apprendre ?
- Quels savoirs- faire souhaiteriez –vous posséder?
- Qui seraient vos amis ?
- Que seriez-vous ?
- Combien d'argent désirez-vous accumuler ?
- Quelles décisions seriez-vous amené à prendre sur le plan financier ?
- Quelles sont les choses que vous aimeriez posséder ?
- A quels événements aimeriez-vous assister ?
- Quelles aventures aimeriez-vous vivre ?
- Quel rôle aimeriez-vous tenir dans la société ?
- Qui pouvez-vous aidez ?
- Quelle cause pouvez-vous défendre ?
- Que pouvez-vous créer ?
- Que pourriez vous faire dès aujourd'hui pour atteindre vos objectifs ?
- Quelle perception auriez-vous de vous-même ou de votre vie si vous atteignez vos objectifs dans 1 ans ?
- De combien de façons les personnes qui vous entourent profiteront t-ils de vos efforts actuels ?
- Ayez vous actuellement l'impression de vous rapprocher de vos objectifs ? De vous en éloignez ? Comment pourriez vous améliorer cette situation ?
- Quelles seraient les conséquences à long terme de votre inaction actuelle ?
- Qu'est ce qui actuellement vous procure le plus de plaisir ? Le plus de souffrance ? Quelles sont les conséquences sur votre vie ?
- Que pourriez vous faire si vous vous sentiez quotidiennement remplie d'énergie ?
- Quelles sont les croyances qui vous donnent confiance en vous ?
- Quelles nouvelles attentes pourriez vous avoir envers les autres et vous-même ?
- Quelles sont les croyances qui se manifestent dans le comportement de votre entourage ?

- Etes vous sur que vos croyances sont vraies ? En quoi votre vie serait différente si vous pensiez le contraire ?
- Si vous examiniez vos propres croyances avec les yeux de quelqu'un d'autre que verriez vous ?
- Quelles sont les convictions qui vous renforcent ?
- Quelles sont celles qui vous affaiblissent ?
- Quelles sont les croyances soit disant réalistes devriez vous éviter ?
- Que pourriez vous accomplir si vous aviez suffisamment confiance en vous pour utiliser votre vaste potentiel ?
- Quel rêve pourriez vous réaliser en utilisant votre imagination ?
- Dans quelle aventure fascinante et enrichissante pourriez vous lancer en lisant un bon livre, en regardant un film ou en écoutant de la musique ?
- Quelles nouvelles expériences aimeriez vous vivre ?
- Quelle expérience émouvante pourriez vous partager avec quelqu'un que vous aimez ?
- Quelle nouvelle expérience enrichissante pourriez vous tenter aujourd'hui ? Quel en serait l'impact sur votre personnalité ?
- Qui êtes vous ? Comment pourriez vous vous définir en employant des termes valorisants ?
- Que faites vous régulièrement pour prendre soin de vous ?
- Dans la relation que vous vivez avec ceux que vous aimez quelle est la plus importante que vous donnez ?
- Que pourriez vous faire aujourd'hui pour quelqu'un que vous aimez ?
- Qui sont vos héros ? Que faites-vous pour leur ressembler ?

Les questions qui suivent sont à vous poser quotidiennement

- Quels sont les aspects de ma vie dont je suis heureux (se) actuellement ?
- Pour quelles raisons en suis-je heureux (se) ?
- Quel effet cela a-t-il sur moi ?
- Qu'est ce qui me stimule actuellement ? Pour quelles raisons ? Quel effet cela a-t-il sur moi ?
- Quelles sont les choses dont je peux être fier(e) actuellement ? Pour quelles raisons ? Quel effet cela a-t-il sur moi ?
- Quels sont les bienfaits de la vie dont je suis reconnaissant(e) en ce moment ? pour quelle raison ? Quel effet cela a-t-il sur moi ?
- Quelle est mon activité préférée en ce moment ? Quel effet cela a-t-il sur moi ?
- Quelles sont les personnes que j'aime ? Qui m'aiment ? Quel effet cela a-t-il sur moi ?
- Qu'est ce que j'ai donné aujourd'hui ?
- Qu'ai-je appris aujourd'hui ?
- Dans quel état est-ce que je désire me sentir en ce moment ?
- Sur quelle croyance me suis-je basé pour éprouver les émotions que je ressens actuellement ?
- Quelle leçon puis-je tirer de cette expérience ?
- Quelle est la chose la plus importante à mes yeux ?

- Quelles émotions dois-je éviter de ressentir ?

Changer de vie ça peut donc aussi simplement signifier **changer de travail**

Estime de soi

Qu'est ce que l'estime de soi ?

Faire preuve d'estime de soi c'est avant tout aimer qui l'on est et être persuadé que l'on mérite les bonnes choses de la vie autant que les autres.

Faire preuve d'estime de soi c'est aussi rejeter les idées suivantes :

1. Nous sommes tous des victimes réduites à subir tout ce qui nous arrive.
2. Nous sommes incompétents, pas à la hauteur.
3. Il y a quelque chose de mauvais en nous.

Comment retrouver l'estime de soi ?

Pour garder une bonne estime de soi, il suffit selon Marie elda PILLAY de suivre les principes suivants :

1. Soyez indulgent avec vous-mêmes lorsque que vous commettez des erreurs.
2. Concentrez vous sur vos points forts et vos réussites.
3. Apprenez à dire" non".
4. Rejetez avec indifférence toute remarque désobligeante.
5. Considérez chacun comme votre égal.
6. Sachez apprécier les erreurs et en tirer les leçons.
7. Faites du bonheur une habitude.
8. Acceptez d'avoir tort avec sérénité.
9. Cessez de pester contre vous-même.
10. Trouvez un emploi qui vous convient.
11. Ne vous préoccupez pas de l'image que vous donnez.
12. Acceptez vous sans condition dès aujourd'hui.
13. Vous méritez mieux que ce que vous croyez.
14. Recouvrez la liberté.
15. Accordez vous chaque jour une parenthèse de plaisir.
16. Soyez prêts à vous investir dans vos désirs.
17. Demandez vous ce qui pousse les gens à vous dire que vous les avez gravement blessés.
18. L'opinion que vous avez de vous-même doit être prépondérante.
19. Soyez 100% positif un jour par semaine.
20. Admettez que les gens soient différents de vous.
21. Déterminez votre propre définition de la perfection.
22. Résistez à l'envie de changer pour que les autres vous aiment.
23. Ne vous comparez à personne.
24. Etre différent ne doit pas vous perturber.
25. Evitez de vous causer des souffrances inutiles.
26. Cessez de vous identifier à vos actes.
27. Accordez de l'importance à vos décisions judicieuses.
28. Donnez la priorité à l'opinion que vous avez de vous-même.
29. Prenez votre santé en main.
30. Gardez le sourire quand on vous critique.
31. Sachez vous adapter.

32. Forgez votre opinion et prenez vos décisions.
33. Acceptez les compliments de bonne grâce.
34. Accordez de l'importance à vos idées.
35. Apprenez à accomplir vous-même les tâches que vous confiez aux autres.
36. Ne prenez aucune sorte de compétition trop au sérieux.
37. Participez à la vie politique.
38. Vos besoins personnels sont les plus importants.
39. Ayez une vision juste des autres.
40. Dites non à la culpabilité.
41. Pensez que vous êtes quelqu'un d'estimable.
42. Pardonnez vous toutes vos fautes.
43. Interprétez chaque évènement de manière positive.
44. Chassez tout mauvais sentiment que vous éprouvez envers les autres.
45. Apprenez à résoudre vos problèmes.
46. Défendez vos intérêts.
47. Fiez vous le plus possible à vous-même.
48. Considérez toutes vos pensées comme acceptables.
49. Acceptez l'entière responsabilité de ce qui vous arrive.
50. Ne reconnaissez vos torts que lorsque cela se justifie.
51. Demandez- vous vivez par procuration.
52. Dite ou pensez du bien des autres

Les secrets du succès et de la paix intérieure

Il existe dix secrets qui garantissent le succès et la paix intérieure. Les voici :

1er secret : avoir un esprit ouvert à tout et attaché à rien

Cela signifie qu'il faut :

- Croire que tout est possible si on a suffisamment de volonté
- Renoncer totalement à ce à quoi on est attaché (lieu objet personne)
- Accueillir ce que nous offre l'univers sans juger

2ème secret : ne pas mourir sans avoir joué sa propre musique intérieure

Cela signifie qu'il faut :

- Ecouter son cœur
- Prendre des risques pour sa passion
- Savoir que l'échec n'est qu'une illusion et qu'il ne fait pas en avoir peux

3éme secret : vous ne pouvez pas donner ce que vous ne posséder pas

Cela signifie qu'il :

- Changer ce que nous n'aimons pas en nous.
- S'aimer soi-même et se respecter
- Trouver son but

4ème secret : adopter le silence

Cela signifie qu'il fait :

- Découvrir la valeur du silence
- Intégrer plus de silence dans sa vie
- Prendre consciemment contact avec dieu

5ème secret : renoncer à son histoire personnelle

Cela signifie qu'il faut :

- Ne pas se raccrocher au passé
- Vivre l'instant présent et accepter la réalité telle qu'elle est

6ème secret : il est impossible de résoudre un problème avec le même esprit qui l'a crée

Cela signifie qu'il faut :

- Accepter le monde tel qu'il est
- Savoir qu'il existe un lien entre chaque individu, que nous sommes tous membre de la famille humaine

7ème secret : il n'y a pas de ressentiment justifié

Cela signifie qu'il faut :

- Accepter l'opinion des autres même si elle est différente de la nôtre
- Pardonner à ceux qui pensent qu'ils nous ont blessé

8ème secret : traitez vous comme la personne que vous aimeriez être

Cela signifie qu'il faut partout place à l'inspiration.

9ème secret : traitez vous comme la personne que vous aimeriez être

Cela signifie que vous être dieu créateur de votre vie et du monde dans lequel vous vivez.

10ème secret : la sagesse consiste à éviter toute pensée affaiblissante

Cela signifie que votre esprit se nourrit avec des pensées de paix, d'amour, d'acceptation et de bonne volonté.

Questionnaire du succès.

Pour savoir si vous avez emprunté la voie du succès, il suffit de répondre objectivement aux questions suivantes. Ce questionnaire est du à Napoléon Hill.

1. Vous êtes vous donné un objectif principal ? Quels plans avez-vous mis au point pour le réaliser ? Combien de temps consacrez vous chaque jour à la réalisation de ce plan ? A quelle fréquence révisez vous votre plan ?
2. Votre objectif principal est il devenu pour vous une obsession dévorante ? Que faites vous pour en entretenir la flamme ?
3. Que prévoyez vous d'offrir en retour de la réalisation de votre objectif principal ? Vous êtes vous déjà mis à la tâche ? Sinon quand pensez vous vous y mettre ?
4. Quelles mesures avez-vous prises pour constituer votre cerveau collectif ? Combien de fois en rencontrez vous les membres ? A combien d'entre eux parlez vous tous les mois, toutes les semaines ou tous les jours ?
5. Avez-vous pris l'habitude d'accepter la défaite temporaire comme une mise au défi ? Avec quelle rapidité parvenez vous à découvrir l'avantage équivalant que cache tout malheur quand il vous frappe ?
6. A quoi passez vous le plus de temps : à réaliser vos projets ou à vous inquiéter des obstacles qu'il vous reste encore à surmonter ?
7. Combien de fois renoncez vous à un plaisir immédiat pour pouvoir consacrer plus de temps à la réalisation de vos projets ? Combien de fois faites vous l'inverse ?
8. Profitez vous de chaque instant comme si c'était le dernier ?
9. Considérez vous votre vie comme le résultat de votre emploi du temps jusqu'à présent ? Etes vous satisfait de votre vie actuelle ? Souhaiteriez vous avoir utilisé votre temps autrement ? Considérez vous chaque seconde qui passe comme l'occasion de modifier le cours de votre existence de façon positive ?
10. Votre attitude mentale est elle toujours positive ? Est elle positive la plupart du temps ? Est elle positive en ce moment ? Pouvez vous la rendre positive à volonté ?
11. Combien de fois faites vous preuve d'initiative personnelle en transformant vos pensées positives en actions ?
12. Croyez vous que votre succès sera dû à la chance ou un coup du hasard ? Quand croyez vous que la chance vous sourira ? Croyez vous que votre succès sera le résultat de vos effort ?
13. Connaissez vous quelqu'un dont le sens de l'initiative vous inspire ? Combien de fois recherchez vous la compagnie de cette personne ? Combien de fois modelez vous votre comportement sur celui de cette personne ?
14. Consentez vous l'effort supplémentaire ? Le faites vous tous les jours ou seulement quand il s'agit d'impressionner quelqu'un ? Le faites vous dans un état d'esprit favorable ou vous plaignez vous d'avoir à faire un travail supplémentaire ?
15. Vous êtes vous doté d'une personnalité agréable ? Vous regardez vous dans la glace tous les matins et travaillez vous à améliorer votre sourire,

l'expression de votre visage ? Ou faites vous un effort seulement à la veille d'une réunion importante ?

16. Comment appliquez vous votre foi ? Quand agissez vous sur l'inspiration de l'intelligence infinie (les forces vitales de l'univers) ? Dans quelles circonstances choisissez vous de ne pas en tenir compte ?

17. Travaillez vous à acquérir de la discipline personnelle ? Combien de fois vos émotions mal maîtrisées vous font elles faire des choses que vous regrettez ?

18. Avez-vous vaincu vos peurs ? Combien de fois manifestez vous des symptômes de peur ? Quand parvenez vous à remplacer vos peurs par vos ambitions ?

19. Combien de fois acceptez vous les opinions des autres comme des faits reconnus ? Mettez vous en doute les opinions des autres ? Combien de fois faites vous appel à la pensée précise pour trouver des solutions à vos difficultés ?

20. Combien de fois invitez vous la collaboration en offrant d'abord la vôtre ? Le faites vous à la maison ? Au bureau ? Au sein de votre cerveau collectif ?

21. Quelles possibilités offrez vous à votre imagination ? Quand vous attaquez vous à vos problèmes en faisant preuve de vision créatrice ? Quels dilemmes pourriez vous résoudre de cette façon ?

22. Prenez vous le temps de vous détendre, de faire de l'exercice ? Faites vous attention à votre santé ? Vous êtes vous promis de commencer au début de l'année prochaine ? Pourquoi ne pas commencer tout de suite ?

La pensée positive pour transformer votre vie

Pour découvrir la puissance de la pensée positive, Louise L. Hay nous invite à nous imprégner des citations suivantes :

1. J'habite un monde d'amour et d'acceptation.
2. La vie m'aime et je suis en sécurité.
3. Je fais confiance en l'Intelligence divine pour influencer mes affaires et je cours de succès en réussite.
4. Je parle avec sagesse et discernement.
5. Désormais je prends mon corps en charge avec amour.
6. Je me réjouis de l'amour que j'ai à donner.
7. C'est l'amour qui anime ma vie.
8. Je reçois l'amour que je donne.
9. Financièrement, je suis toujours à l'aise.
10. Je trouve de l'aide partout où je me tourne.
11. L'amour inconditionnel c'est simplement un amour qui n'attend rien en retour.
12. Je suis le créateur et l'acteur de ma vie.
13. Les êtres sont comme des fleurs. Chacun à sa beauté propre, chacun s'ouvre et s'épanouit à sa manière et à son rythme.
14. Je suis ici pour remplir une mission.
15. Toutes mes nouvelles habitudes m'aident de façon positive.
16. Aujourd'hui je choisis de dépasser mes limites d'hier. Je suis prêt à m'ouvrir à quelque chose de nouveau.
17. Je mets de l'amour dans mon regard et je vois tout clairement.
18. Il n'y a pas quelque chose à faire. Il y a quelque chose à savoir.
19. Plus je comprends de choses et plus mon univers s'élargit.
20. Je me fais toujours confiance.
21. La manière dont nous voyons ce qu'il y a à l'extérieur de nous reflète ce qu'il y a en nous.
22. Mon corps est un ami et j'en prends soin.
23. Je reconnais désormais ma créativité et j'y fais honneur.
24. Je me félicite pour les grandes et petites choses que je réalise.
25. Décidez de dépasser les limites de votre esprit humain actuel. Oui vous le pouvez.
26. Je revendique mon pouvoir et je dépasse toutes mes limites.
27. Je ne peux pas me sentir perdu, seul, ou abandonné car je vis au sein de l'Intelligence divine.
28. Je suis en paix avec le départ de ceux que j'aime.
29. J'aime ce que je pense.
30. Je me choisis une idée de Dieu qui soit pleine d'amour et qui me plaise.
31. Je donne à la Vie avec joie et la vie me le donne avec Amour.
32. L'amour fait toujours disparaître la douleur.
33. Les émotions sont des pensées qui sont actives dans notre corps.
34. Je ne suis pas obligé de travailler dur pour mériter un bon salaire.
35. Si vous vous aimez vous aurez l'énergie de surmonter rapidement tous les problèmes.
36. J'adore les enfants et les enfants m'adorent.

37. M'aimer moi-même et les autres me permet de m'épanouir et de vivre au maximum de mes possibilités.
38. Je m'aime dans toutes les expériences que je traverse et tout va bien.
39. Quand nous sommes prêts à évoluer notre vie s'épanouit de façon merveilleuse.
40. Grâce à mes factures, j'affirme ma capacité de payer.
41. Je partage mes ressources et mon savoir avec la Vie.
42. J'ai choisi des parents qui me conviennent parfaitement dans cette incarnation.
43. Je suis financièrement à l'aise.
44. Mon corps est en paix, heureux, en bonne santé et moi aussi.
45. En élargissant mes horizons, je fais facilement disparaître mes limites.
46. Je suis une expression individuelle de la Vie.
47. Je peux guérir en toute sécurité.
48. Je transforme les leçons à apprendre en partie de plaisir
49. Je fais des choix nouveaux, différents, plus positifs, qui me nourrissent de l'intérieur.
50. Ma maison et mon coeur sont des lieux de paix et de bonté.
51. La seule chose que vous pouvez vraiment maîtriser c'est ce que vous pensez au moment présent. Vous avez tout pouvoir sur votre pensée du moment.
52. Je me crée avec amour une santé parfaite.
53. La sagesse que je cherche se trouve en moi.
54. Je mérite ce que la Vie a de mieux à m'offrir.
55. La mort est une porte qui s'ouvre sur une vie nouvelle.
56. La nourriture est une amie. Je la remercie de me donner sa vie pour me nourrir.
57. Chaque instant est un nouveau départ.
58. Je fais circuler les bonnes nouvelles.
59. Mon but est de m'aimer davantage de jour en jour.
60. Tout ce dont j'ai besoin est à portée de ma main.
61. Je choisis un mode de vie paisible.
62. Le pardon possède un pouvoir de guérison que j'ai toujours à ma disposition.
63. Nos parents sont des gens merveilleux.
64. Tout va bien. J'ai tout ce dont j'ai besoin en ce moment.
65. Mes pensées déterminent ma vie.
66. Nous sommes de merveilleux êtres spirituels qui vivront une expérience humaine.
67. Je découvre maintenant de nouvelles et merveilleuses expériences. Je suis en sécurité.
68. Je concentre doucement mon esprit sur les belles choses de la vie.
69. Le pouvoir se trouve dans le moment présent. Affirmez votre pouvoir.
70. Ma conscience est riche.
71. Je me libère et je pardonne.
72. Toutes mes expériences font partie de la richesse et de la plénitude de la Vie.
73. C'est avec moi-même que j'entretiens la meilleure relation.
74. L'amour est le fondement de ma religion.
75. J'ai la responsabilité de ma vie.
76. Mes rêves sont des expériences pleines de joie et de tendresse.
77. Je m'aime et je m'accepte exactement tel que je suis.
78. Je suis en paix avec ma vie sexuelle.

79. Quelque soit mon épreuve, je sais que je suis aimé.
80. Je suis détendu car je sais que la Vie est toujours là pour me soutenir, m'aider et me réconforter.
81. Pour réussir vous devez penser que vous êtes une réussite et non un échec.
82. Je ne suis jamais pressé car j'ai toute la vie devant moi.
83. Si je suis maintenant dans cette situation c'est que j'ai quelque chose à en apprendre.
84. Parce que chacun de nous est unique, il ne peut y avoir ni comparaison, ni concurrence.
85. Je choisis les pensées qui me réconcilient avec l'idée de vieillir.
86. L'amour désamorce toujours la violence.

La *pensée positive* et *l'autosuggestion* : des techniques complémentaires pour améliorer sa vie.

Ce qu'on entend la plupart du temps par **pensée positive** et **autosuggestion**, sont en fait des techniques qui consistent à se répéter les **pensées positives** que vous aurez choisi.

Ces **pensées positives** seront sélectionnées par rapport aux **sentiments positifs** qu'elles déclenchent en vous.

Ces techniques s'utilisent de façon générale de manière à exercer une influence consciente positive pour améliorer votre vie, et ce, quel que soit le domaine concerné:

- Amour

- Travail

- Argent

- Créativité

- Communication

- etc.…

Comme nous ne réagissons pas tous de la même manière par rapport aux mots que nous entendons ou que nous prononçons, il est important d'apprendre à créer vos propres **formulations positives**.

On peut s'apercevoir facilement de la différence d'interprétation des mots par chacun d'entre nous, notamment lors de ce que l'on appelle les « malentendus ».

Créer vos formulations positives
L'**autosuggestion** et la **pensée positive** sont généralement associées pour créer : **"l'autosuggestion par la pensée positive"**.

L'**autosuggestion** par la **pensée positive** consiste donc à trouver des tournures de phrases, toujours écrites de façon positive.

Pour créer des **formulations positives**, il est recommandé d'utiliser le présent de l'indicatif pour que votre inconscient s'imagine en train de vivre ce que vous tentez d'attirer dans votre vie.

Les **formulations positives** que vous avez choisies doivent donc entraîner un **sentiment positif** en vous. Une fois que vous avez trouvé les **pensées positives** qui vous inspirent, il suffit de vous les répéter.

Peut-être avez-vous déjà entendu parler de cette technique qui a notamment été utilisée par le pharmacien Emile Coué.

En effet, Emile Coué recommandait à son patient qui souffrait de différents troubles de se répéter chaque matin :

« De jour en jour à tout point de vue, je vais de mieux en mieux. »

Donc, pour utiliser cette technique pour améliorer votre vie, il faut commencer par écrire vos **phrases positives**.

Faites des phrases courtes et précises. Toujours formulées de manière positive c'est à dire sans négation.

(Donc n'utilisez pas : ne pas, je ne veux plus, et toutes autres tournures de ce style)

Exemple pour améliorer sa vie sentimentale

- Je ne veux plus être seul. (Formulation négative)

Sera remplacé par

- Je rencontre le partenaire idéal pour moi. (Formulation positive)

Une fois que vous avez créé vos **formulations positives**, répétez-les mentalement ou à haute voix de préférence le matin et le soir avant d'aller vous coucher car votre inconscient mémorise et intègre mieux vos instructions.

Maintenant c'est à vous de sentir quel est le meilleur moment pour vous et à quelle fréquence vous voulez répéter cet exercice. En effet, chacun est unique et vous êtes les mieux placés pour ressentir ce qui se passe en vous.

Pour obtenir un maximum de résultats avec cette technique il y a quand même des conditions :

La première : **Il faut y croire**

La deuxième : Il faut que les **pensées positives** que vous avez choisi vous connectent à vos émotions.

Si vous trouvez certaines de vos formulations trop directes, c'est à dire que votre mental s'y oppose, vous empêchant ainsi d'être en contact avec vos **émotions positives**, vous pouvez soit persévérer (pas plus d'une semaine) pour voir si cela change, soit écrire des **formulations positives** moins directes mais tout aussi efficaces comme :

- Je me réjouis à l'idée de savoir que le partenaire idéal vient à ma rencontre.

- Je me rapproche chaque jour un peu plus du partenaire idéal pour moi.

Si vous êtes vraiment pessimistes et que vous avez du mal à y croire, pensez à toutes les personnes dans le monde qui rencontrent aujourd'hui quelqu'un et qui hier ne s'y attendaient pas.

Demandez aux personnes que vous connaissiez comment elles se sont rencontrées. Demandez-leur si elle s'y attendait. Et voyez comme elles vous ressemblent avant leur rencontre.

Il est important que les **phrases positives** que vous choisissez soient vraies pour vous. Que vous croyez en leur sens. Plus vous utiliserez des **formulations positives** qui sont vraies pour vous, plus vos objectifs ont des chances de se réaliser rapidement.

La vie en rose

Pour voir la vie en rose quand tout semble aller mal, je vous encourage à apprendre aussi les secrets de l'amour généreux en plus des conseils suivants :

1. Donner à vous même avant de donner aux autres. Vous aurez plus à donner.
2. Trouvez un P.S très gentil à écrire à la fin de vos lettres personnelles. C'est très émouvant à lire.
3. Appelez les gens par leur nom ou par leur prénom.
4. Quand vous discutez avec vos proches, laissez-les gagner. Choisissez d'être heureux plutôt qu'avoir raison.
5. Efforcez-vous pendant 24 heures d'être 10 fois plus poli et courtois que d'habitude. Notez le changement autour de vous.
6. Si vous avez un problème affectif occupez-vous d'enfants. Vous serez bien obligé(e) de ne pensez qu'à eux. Magique.
7. Entourez-vous de gens qui voient le meilleur qui est en vous.
8. Durant les prochaines 24 heures, avec chaque personne qui croise votre regard, engagez un bout de conversation.
9. Parmi toutes vos activités, développez en particulier celles qui sont utiles aux autres.
10. Trouvez 3 idées pour rendre votre vie plus simple. Plus facile. Moins complexe.
11. Offrez beaucoup de cadeaux. Même des tout petits.
12. Faites ce que vous aimez le plus. Faites-le souvent. Et trouvez vite des moyens de vous faire payer pour le faire.
13. Quand on ne sait pas où l'on va, on risque d'arriver n'importe où. Ou pire : nulle part.
14. Laissez-vous guider par l'étoile au fond de votre coeur.
15. Ne gagnez pas du temps. Utilisez-le à fond.
16. Relisez "*Le Petit Prince*" de Saint-Exupéry.
17. Apprenez à goûter le silence.
18. Ayez un animal de compagnie. Doux, affectueux. Craquez !
19. Souriez à tous les visages qui croisent votre regard.
20. Si vous en avez l'occasion, prenez un bébé dans vos bras. C'est si bon.
21. Apprenez à dire NON plus souvent.
22. Efforcez-vous pendant 24 heures de ne rien critiquer ni personne.
23. "Carpe Diem'". Cueillez-le jour ici et maintenant. Vous ne pourrez jamais remonter les aiguilles du temps. Profitez de cet instant, de chaque instant avec délice.
24. Entourez-vous d'ami(e)s meilleur(e)s que vous.
25. Avant un gros projet, réfléchissez à ce que vous feriez si vous ne pouviez rien échouer. Notez précieusement.
26. Faites une liste de tout ce que la vie vous a déjà donner. Remerciez la vie. Dressez la liste que ce que vous voulez encore. Fermez les yeux et faites un voeu.
27. Choisissez bien la personne avec laquelle vous vivez : aucune décision n'est plus importante.

28. Ne considérez pas une journée comme le prolongement de la précédente : vous seriez trop enclin à remettre au lendemain. Tirez le maximum de chaque journée, indépendamment d'hier ou de demain.
29. Cessez une relation ou une activité non satisfaisante.
30. Soyez plus curieux. Posez davantage de questions.
31. Rayez de votre vocabulaire : Je dois/Je devrais, Il faut /Il faudrait. Vous ne devez rien d'important à personne.
32. Faites confiance aux autres. Spontanément.
33. Ne faites jamais semblant.
34. Tant qu'elle n'est pas concrétisée même une idée de génie n'a aucune valeur. Pensez moins. Agissez.
35. Rire guérit tous les bobos de la vie. Dépassez la dose prescrite.
36. Ne vous prenez pas trop au sérieux.
37. Entraînez- vous à choisir et à diriger vos pensés, sentiments, actions. Le plus souvent possible.
38. Réservez-vous des moments d'intimité. Seul. Sans être dérangé.
39. "On ne peut marcher en regardant les étoiles quand on a un caillou dans son soulier " (proverbe chinois). Débarrassez-vous définitivement des petits riens qui vous encombrent. Vite.
40. Tentez votre chance. Souvent. Encore. Et encore. Les échecs sont là pour vous apprendre à réussir.
41. Dites plus souvent "Bonjour", "S'il vous plait", "Pardon", "Merci".
42. Soyez le premier à applaudir après un spectacle ou un discours.
43. Gardez votre âme d'enfant.
44. Faites remonter vos rêves à la surface. Surtout vos rêves d'enfant. Quand on abandonne ses rêves, on meurt.
45. Ne passez pas à côté d'un plaisir sous prétexte que vous voulez encore mieux.
46. Prenez la vie comme elle vient
47. Ne vous tracassez pas pour ce qui est difficile à changer. Faites de votre mieux. Et n'y pensez plus.
48. Apprenez à vous aimer tel que vous êtes. A l'intérieur comme à l'extérieur.
49. "Il n'y a pas de vent favorable à celui qui ne sait pas où il va" (Sénèque). Guidez la chance jusqu'à vous.
50. Soyez spontané.
51. Cherchez le plus souvent possible à être avec la bonne personne, au bon endroit, au bon moment.
52. Faites plaisir par plaisir. Pas par devoir. Et surtout pas pour être aimé.
53. Ne vous comparez à personne.
54. Soyez généreux
55. Souhaitez "Bonne journée" aussi souvent que possible.
56. Soyez raisonnable, faites vous plaisir.
57. Encouragez les gens à parler d'eux, de ce qui les intéresse. Vous serez étonné par ce que vous apprendrez. Et finalement, que cela puisse autant vous intéresser.
58. Donnez plus de bisous, de câlins, de papouilles. Surtout sans raison spéciale
59. Soyez vous-même. Agissez comme vous l'entendez au lieu d'adopter la conduite que vous croyez être celle qu'on attend de vous.
60. Consacrez votre temps à l'essentiel, arrachez-le au reste. Ce qui n'est pas essentiel est inutile.

Savoir se différencier des autres pour *être bien* avec soi

Lorsqu'on vit en société, il vient forcément un jour ou on est confronté au regard des autres.

Que ce soit pour recevoir des compliments, ou bien, pour être critiqué, cela demande de savoir prendre du recul pour rester fidèle à soi-même.

En effet, chaque message qui vous est adressé peut entraîner différentes réactions allant de l'indifférence au fait d'être profondément touché ou affecté.

Être bien avec soi-même passe donc par une distanciation de notre entourage.

Comment faire alors pour trouver la bonne distance entre soi et les autres ?

S'accorder du temps pour se retrouver

Face à tous ces messages qui vous est adressés, il est nécessaire pour parvenir à trouver son équilibre et **être bien** avec soi de s'accorder du temps.

Cela peut sembler évident, pourtant il apparaît que de nombreuses personnes peuvent ressentir de la culpabilité à l'idée de s'occuper d'elles ?

Que ce soit parce que quelqu'un a besoin de vous, ou encore, parce qu'il reste des tâches que vous désirez terminer, les raisons de s'oublier sont nombreuses et variées.

Pourtant chaque personne pour **être bien** avec elle-même a besoin d'un temps pour se retrouver.

Quelle est alors la solution pour trouver du temps pour soi ?

Inclure un créneau « temps pour soi » dans votre planning

Lorsqu'on a du mal à trouver du temps pour soi, une bonne solution peut être de se bloquer un créneau horaire dans le tumulte de vos préoccupations.

Que ce soit 30 minutes ou plus, il est important de les planifier dans votre agenda, au même titre que vos rendez-vous pour le travail.

Prenez rendez-vous avec vous-mêmes et prenez conscience que ce n'est pas un luxe mais bien un besoin à satisfaire qui influe sur votre **bien être**.

Lorsqu'on n'a pas l'habitude de s'accorder de tels moments, on peut se demander :

A quoi ça sert « un moment pour soi » ?

Pourquoi s'accorder du temps ?

Lorsqu'on est pris par le rythme de la vie, on n'a pas toujours le temps de se poser, d'où parfois un sentiment d'insatisfaction ou de fatigue.

Prendre un temps pour vous, c'est vous permettre de pouvoir :

- apprécier ce que vous faites.

- vous remettre en question.

- trouver un moment de repos

- ou encore répondre à d'autres de vos besoins…

Ainsi, vous aurez des moments pour vous permettre de trouver en vous de la satisfaction, de vous sentir bien.

Vous aurez un espace vide dans le flot d'agitation que peut générer la vie moderne.

Ces moments sont également une occasion de se recentrer sur vous et de faire acte de quelque chose de trop souvent négliger…

***Être bien* avec soi-même et savoir s'écouter**

Prendre le temps de s'écouter.

Écouter son corps, écouter ses sentiments, écouter ses désirs, écouter le silence…

L'écoute, bien que souvent négligée, est nécessaire pour parvenir à reconnaître ses besoins.

C'est donc la première étape pour **être bien** avec soi ou tout du moins prendre contact avec son être profond.

Lorsqu'on est habitué à être dans l'action, de tels moments de calme peuvent faire peur.

En effet, se retrouver seul face à soi-même, c'est aussi faire face aux parties de nous que l'on peut oublier et donc prendre conscience de nos failles.

Pourtant, comme le dit le proverbe :

« Mieux vaut tard que jamais »

Quoi qu'il arrive dans une vie, ce que l'on fait nous rattrape toujours, donc autant s'armer de courage aujourd'hui pour **apprendre à s'aimer** tel que l'on est.

Vos qualités comme vos défauts font partie de ce que vous êtes, et ce n'est qu'en apprenant à vous accepter ainsi que vous pourrez grandir.

Donc, il ne vous reste qu'une chose à faire…

Faites le choix d'*être bien*

Votre vie n'est que le résultat des choix que vous avez fait (consciemment ou inconsciemment).

Alors choisissez **d'*être bien***, et profiter du temps que vous vous accordez pour **apprendre à vous aimer.**

Être bien dans sa peau, **être bien** dans sa tête, **être bien** avec ses sentiments, c'est un choix.

Il y a que vous qui puissiez prendre cette décision.

Personnellement, c'est tout ce que je souhaite à toutes les personnes qui lisent ces lignes.

« Faites le choix d'*être bien* »

Pour votre plus grand bonheur et celui des gens qui vous aiment.

Reprenez le contrôle de votre vie

I - Nous avançons toujours dans la direction de notre conviction

Quel succès pourrait obtenir un dompteur qui entrerait pour la première fois dans une cage de lions ou de tigres remplie de crainte, de doute et d'incertitude ? Qu'arriverait il s'il se disait : « C'est une entreprise passablement hasardeuse pour un être humain que de se mesurer avec un tigre. Je veux <u>essayer</u> de dompter ces bêtes féroces, mais pourrai-je y arriver? »

Si cet homme se présentait en une telle attitude de faiblesse, de doute et de crainte devant les bêtes féroces, il serait certainement mis en pièces. Une fière audace seule peut le sauver. Il doit les fasciner par son regard ; par les effluves qui s'échapperont de ses yeux, il les maintiendra sous sa domination, car le moindre instant de défaillance lui serait fatal et pourrait lui coûter la vie.

En réalité, un homme ne peut avoir la ferme volonté qui conduit au succès qu'en étant persuadé de réussir dans son entreprise.

Comment serait-il possible à un jeune homme de devenir un bon négociant si, dans son fort intérieur, il ne se reconnaît pas les aptitudes nécessaires ? Une telle attitude mentale ne peut rien produire de bon. L'intelligence doit dominer ; le modèle doit être créé avant que la navette du tisserand reproduise le dessin ; l'idéal doit toujours inspirer et guider.

<u>Nous avancions toujours dans la direction de notre conviction.</u> C'est ce que nous nous <u>croyons</u> capable de faire que nous accomplissons.

Comment serait-il possible à un jeune homme de faire fortune, sil ne croit pas avoir quelque aptitude à gagner de l'argent, et s'il se lance dans les affaires avec la conviction que quelques-uns seulement réussissent à s'enrichir, que la plupart restent pauvres, et qu'il fait probablement partie de cette dernière catégorie?

Comment serait-il possible à un garçon de réussir au collège, s'il se croit incapable de mener à bien ses études,

s'il se plaint constamment de n'avoir point de chance, point d'argent, personne pour lui aider?

Comment serait-il possible à un jeune homme sans travail de trouver un bon emploi, s'il ne se croit pas capable de remplir les obligations qu'il lui imposerait, et s'il répète tout le temps : A quoi bon ?

2 - Ayez une foi absolue en votre habileté

J'ai connu des jeunes gens désireux de devenir avocats, médecins ou négociants, mais dont la volonté était si faible, si vacillante, qu'ils ont été vaincus à la première difficulté.

J'ai connu d'autres jeunes gens qui ont choisi leur vocation avec une telle ardeur et une telle virilité que rien n'a pu ébranler leur décision, tant elle était ancrée dans leur mentalité.

Si nous analysons les grandes, les belles actions, et les hommes qui les ont accomplies, la qualité qui ressort le plus est la **confiance en soi-même.** L'homme qui a une foi absolue en son habileté pour mener à bien ce qu'il entreprend, est le plus sûr de réussir, même si sa confiance semble à l'autre audacieuse, sinon insensée.

Ce n'est pas seulement l'effet subjectif de cette confiance en eux-mêmes qui rend de tels hommes capables de réussir, c'est aussi, pour une large part, l'effet que cette confiance produite sur les autres.

Quand un homme a le sentiment de sa valeur, quand il est certain de pouvoir dominer gens et choses, il inspire la confiance, il dissipe les craintes ; chacun est persuadé qu'il réussira dans ce qu'il entreprendra, car tout le monde croit en celui qui croit en la victoire.

Certaines personnes nous gagnent à première vue par leur attitude victorieuse. Nous croyons en leur puissance parce qu'elle émane de tout leur être.

3 - Le monde accepte sans contrôle votre estimation personnelle

Dans toute espèce d'industrie ou d'affaire, nous sommes dépendants de l'opinion qu'ont les autres de nos capacités à faire des plans, à produire du bon travail, à diriger des employés, à faire les mille choses que réclament les patrons et le public. La vie est trop courte pour permettre de minutieuses investigations sur la valeur réelle de celui qui s'affirme capable de faire telle ou telle
chose ; c'est pourquoi le monde accepte sans contrôle son estimation personnelle, jusqu'à ce qu'il ait forfait à sa confiance.

Un médecin n'a pas à démontrer à chaque patient qu'il a fait les études nécessaires pour être apte à le soigner. Si un jeune homme arbore un diplôme, le monde tient pour acquis qu'il est bien préparé pour sa profession, à moins que dans la pratique il ne prouve le contraire.

Dans un groupe de jeunes gens, amis ou condisciples d'étude, de capacités et d'éducation pareilles, vous remarquerez que les uns marchent et avancent rapidement dans la vie, tandis que les autres attendent que quelqu'un les découvre. Le monde est trop occupé pour aller à la chasse du mérite, et tient pour acquis que vous pouvez faire, ce dont vous vous déclarez capables jusqu'à ce que vous montriez votre incapacité.

4- Étudiez l'impression que vous ferez sur les autres

Se reconnaître un manque d'habileté, se laisser, même temporairement, envahir par le doute, c'est donner autant d'avantages à l'insuccès. Nous ne devrions jamais permettre à notre confiance en nous-même de vaciller un seul instant, quelque sombre que le chemin puisse paraître. Rien ne détruira plus rapidement la confiance que les autres ont en nous que notre manque de confiance en nous-même.

Beaucoup de personnes échouent parce qu'elles communiquent leur découragement à leur entourage.

Si vous vous estimez à un taux trop bas, les autres ne prendront pas la peine de vérifier si votre estimation n'est pas inférieure à votre valeur.

Votre estimation de vous-même, de vos capacités, de votre position, la figure que vous faites dans ce monde s'extériorisera dans votre maintien.

Si vous avez des sentiments vulgaires, votre apparence sera vulgaire. Si vous ne vous respectez pas vous-même, cela se lira sur votre visage. Si vous vous sentez pauvre, si vous avez une opinion désavantageuse de vous-même, vous pouvez être sûr que rien de bien riche ne se manifestera en vous.

Quelles que soient les qualités que vous vous attribuiez, vous les manifesterez par l'impression que vous ferez sur les autres.

5- Pensez constamment aux qualités que vous désirez posséder

D'autre part, si vous pensez toujours aux qualités que vous désirez posséder, elles deviendront graduellement vôtres, et vous les manifesterez par toute votre attitude. Il faut que la supériorité soit dans vos pensées, avant qu'elle puisse s'exprimer sur votre visage et dans vos manières.

La confiance est à la base de toute oeuvre. Il y a une puissance extraordinaire dans la conviction que l'on peut faire une chose.

L'homme qui a une grande confiance en lui-même est délivré de toute incertitude quant à la place qu'il occupe, de tout doute quant à son habileté, et de toute crainte quant à l'avenir.

En d'autres termes, l'homme protégé par sa foi est délivré de beaucoup de soucis et d'anxiétés qui terrassent ceux qui ne possèdent pas cette foi. Il a la liberté de ses facultés ; il a la liberté de ses actions, ces deux libertés nécessaires pour qu il puisse donner toute sa mesure.

6 - Chassez les soucis de votre esprit et remplacez- les par la foi

Nul homme ne peut fournir tout ce dont il est capable quand son esprit est entravé par les soucis, l'anxiété, la crainte ou l'incertitude, pas plus, qu'on ne peut travailler physiquement quand les membres sont crispés par la crampe.

Une complète liberté est absolument nécessaire au travail cérébral. L'incertitude et le doute sont les grands ennemis de cette concentration qui est le secret de toute force. La confiance a toujours été une clef de voûte ; elle a accompli des miracles dans tous les genres d'efforts.

Qui ne pourra jamais estimer la merveilleuse influence de la foi dans les actions héroïques, cette sorte de foi qui surmonte les obstacles, qui renverse les montagnes de difficultés?

Il nous est dit que la foi double notre puissance et multiplie nos forces, et que sans elle nous ne pouvons rien faire. Combien vite un homme fort est dépouillé de sa puissance lorsqu'il perd confiance en lui-même ou en son habileté

La foi est le lien qui unit notre conscience à notre subconscience. C'est la foi qui pénètre dans les profondeurs de notre être intérieur, le lieu très saint de notre vie, et éveille en nous le divin. La foi ouvre la porte de la vraie source de la vie, et c'est par elle que nous entrons en communication avec le Pouvoir infini.

Notre vie est héroïque ou veule, grande ou inutile, en proportion de la profondeur et de la force ou de la faiblesse de notre foi.

7 - Qu'est-ce que la foi?

Beaucoup de personnes ne se doutent pas de l'importance de la foi parce qu'elles ne savent pas ce qu'elle est ; elles la confondent avec la fantaisie ou l'imagination, tandis qu'elle est la voix d'une puissance intérieure en communion avec l'Omnipotence. C'est une faculté spirituelle qui sait, car elle voit le chemin que les autres facultés ne peuvent discerner.

C'est une connaissance aussi réelle que celle que nous obtenons par nos sens.

La foi est un puissant levier pour le caractère ; elle a une merveilleuse influence sur la formation de notre idéal.

Elle nous élève sur les hauteurs et nous donne un avant- goût de la terre promise.

C'est la lumière de la vérité et de la sagesse.

8 - Les parents et les instituteurs doivent aider les enfants à avoir confiance en eux- mêmes

Il est criminel de détruire chez un enfant la confiance en lui- même, en lui disant qu'il n'arrivera jamais à rien, qu'il ne pourra jamais faire ce que les autres font. Les parents et les instituteurs comprennent peu combien les jeunes intelligences sont impressionnables, et combien les suggestions d'infériorité ou d'incompétence les troublent et les découragent. La suggestion d'infériorité a causé plus de naufrages, de tragédies et d'insuccès que toute autre chose.

Le docteur Luther H. Gulick, médecin inspecteur des écoles de la ville de New York, dit qu'un grand nombre de garçons et de fillettes ne réussissent pas à achever leurs études parce qu'ils ont une vue ou une ouïe défectueuses, de mauvaises dents ou une nourriture insuffisante. Ces enfants ne s'en rendent pas compte ; ils deviennent moroses, déprimés et humiliés de leur insuccès, et leur intelligence s'en ressent à tel point que chaque année un certain nombre d'entre eux terminent leur existence par le suicide.

Même le meilleur cheval de course ne peut gagner le prix si son assurance est détruite. Les entraîneurs ont grand soin d'entretenir cet instinct, car la certitude qu'a l'animal d'arriver le premier est un des grands facteurs de sa victoire.

9 - La foi est le meilleur substitut du génie

Tout ce qui accroît notre confiance en nous-même accroît notre pouvoir. Les hommes qui font de grandes choses en ce monde sont caractérisés par une grande foi en eux-mêmes, foi en leur puissance, foi en l'avenir de la race.

La foi invincible en eux-mêmes, et l'assurance de pouvoir accomplir tout ce qu'ils avaient entrepris, ont été les principes fondamentaux de tous les grands inventeurs. Souvent ils ont débuté dans la pauvreté ; ils ont traversé des années sombres, sans espoir de réaliser leur rêve. Ils ont continué à travailler, et cru que, tôt ou tard, le chemin s'ouvrirait devant eux.

Pensez à ce que cette attitude d'espoir des grands inventeurs a fait pour le monde ! La lumière n'aurait probablement jamais brillé pour eux sans leur confiance, leur assurance et leurs efforts persévérants.

Nous jouissons aujourd'hui d'une foule d'avantages, de confort et de facilités qui nous ont été acquis par ces âmes résolues, souvent obligées à rester sourdes aux supplications de ceux qu'elles aimaient le mieux, tandis que, pendant des années, elles luttaient dans le besoin et le malheur, sans posséder la sympathie ou la confiance de leurs proches.

La foi est le meilleur substitut du génie. En réalité, elle est intimement alliée au génie. La foi est le grand leader de toute oeuvre grandiose. Elle est la faculté, l'instinct qui sait, parce qu'elle voit les possibilités intérieures ; elle n'hésite pas à nous inciter à entreprendre de grandes choses, parce qu'elle voit les ressources qui sont en nous et qui nous rendront capables de les accomplir.

10 -Vous pourriez accomplir infiniment plus de choses grâce à la foi

Personne n'a encore pu nous donner une explication de la philosophie de la foi. Qu'est-ce qui retient un homme à sa tâche, lui donne le courage et l'espoir dans les conditions les plus terribles, le rend capable d'endurer vaillamment, même avec joie, toutes espèces de souffrances, les angoisses de la pauvreté ?

Qu'est-ce qui le soutient et le rassure, même après la perte de son dernier franc, quand ses amis, sa famille et ceux qu'il aime le mieux le méconnaissent ou ne croient pas en lui ? Qu'est-ce qui le soutient et l'encourage de telle sorte qu'il peut endurer ce qui le tuerait cent fois s'il ne le possédait pas ?

Le monde est saisi d'étonnement devant les héros qui, en apparence, perdent toute chose, sauf leur foi.

La foi nous pousse toujours en avant. C'est un sens de l'âme, une prescience spirituelle qui voit plus loin que la vision physique, un courrier qui prépare le chemin, qui ouvre les portes closes, qui voit au-delà des obstacles, et indique la voie que les facultés moins spirituelles ne peuvent discerner.

C'est une foi superbe, plus grande que tous les obstacles, qui a fait les grandes découvertes, qui a été le grand inventeur, le grand ingénieur, l'inspirateur de tout l'effort humain.

Il n'y a aucune crainte à avoir pour l'avenir d'un jeune homme qui a en lui-même une foi bien ancrée. La confiance en soi-même a toujours été plus qu'une alliée dans les difficultés ; elle a été l'amie du pauvre, son meilleur capital. Des hommes, sans autre fortune qu'une foi colossale en eux-mêmes, ont accompli des miracles où le capital sans confiance en soi-même a failli.

Si vous pouviez mesurer la foi d'un homme, vous auriez une assez bonne estimation de ses capacités. Nul ne peut faire de grandes choses avec une petite foi.

Si nous avions une conception plus large de ce qui nous est possible, si nous avions une plus grande confiance en nous-mêmes, nous pourrions accomplir infiniment plus de choses.

11 -Apprenez à avoir une bonne opinion de vous- même

Nous sommes entravés par la vieille doctrine que l'homme est dépravé par nature. Il n'y a aucune infériorité, ni dépravation, dans l'homme. La seule infériorité en nous est celle que nous nous infligeons. Nous nous déprécions nous-mêmes, nous nous voyons faibles et inférieurs, au lieu de nous élever vers les hauteurs où réside la supériorité.

L'homme n'a pas été créé pour l'humiliation et la honte, mais pour se réaliser. Pour qu'il se tienne debout et puisse regarder toute chose et tout le monde en face.

Un prince qui a du sang royal dans les veines doit manifester son rang avec fierté, virilité, dignité et assurance.

Le mal est que nous ne savons pas assez voir le bien qui est en nous ; si nous le faisions, nous aurions une meilleure expression, une plus grande estime de nous même.

Relevez donc la tête, et apprenez à avoir une bonne opinion de vous-même et de votre capacité pour mener à bien ce que vous entreprenez. Si vous ne le faites pas, personne ne le fera pour vous.

12-Vous n'êtes pas inférieurs

La pauvreté qui règne dans la classe laborieuse est en grande partie due à son propre sentiment d'infériorité. Au lieu d'avoir une attitude de virilité et d'indépendance, les travailleurs tiennent pour acquis qu'ils sont inférieurs. S'il y a une chose que détestent les patrons, c'est la servilité chez leurs employés.

Ils aiment ceux qui leur font sentir qu'ils sont des hommes et entendent être traités comme tels.

Que nous le sachions ou non, nous ne sommes jamais plus forts que notre conviction ; nous n'entreprenons jamais de plus grandes choses que celles que nous inspire notre confiance en nous-mêmes.

13 - Vous possédez plus de puissance que vous n'en usez

L'habitude d'exercer notre foi en nous-mêmes, de nous sentir conscient de posséder une plus grande habileté et plus de puissance que nous n'en usons, a une extraordinaire influence pour élargir et développer nos facultés mentales. Notre foi en nous-mêmes est rarement assez grande pour tirer parti de nos ressources latentes. En règle générale, le plus grand déficit dans l'homme est le manque de confiance en lui-même.

Prenez un être timide, sensible, craintif, et enseignez- lui à croire en lui-même, montrez-lui toutes les ressources qu'il possède, dites-lui qu'il peut devenir un homme de valeur, développez sa confiance en lui-même jusqu'à ce qu'elle devienne forte et robuste, et non seulement son courage sera accru, mais toutes ses autres qualités mentales seront fortifiées.

Le processus vital reproduit constamment le modèle mental, l'opinion que nous avons de nous-mêmes. L'habileté d'un général peut être très grande ; elle ne sera effective que lorsque ses efforts seront inspirés par sa foi en cette habileté.

Un homme ne possédant qu'un talent, mais plein d'une foi victorieuse, accomplit souvent infiniment plus de choses qu'un homme possédant 10 talents qui ne croit pas en lui-même.

14-Ayez une haute idée de vous-même et de vos capacités

Je ne connais rien qui garde mieux de la bassesse et de la vulgarité qu'une haute idée de soi-même et de ses capacités.

La foi vivifie toutes nos facultés, son influence est salutaire, tandis que le doute et la crainte démoralise. Il n'y a rien qui fortifie un homme, qui renforce ses moindres facultés comme une foi robuste, foi en lui-même, foi dans les autres et en toutes choses, foi qu'il existe une force magnifique dans la civilisation, dans les affaires humaines.

Plus notre foi est grande, plus notre union avec la puissance universelle devient intime.

La foi est la pierre fondamentale sur laquelle repose tout ce qui forme un grand caractère ; aussi l'homme qui possède une foi invincible dans sa mission est puissant dans le monde.

Nous croyons en un homme qui a une grande foi, qui nous soit sympathique ou non, parce que la foi représente la force, la stabilité, le caractère. Nous croyons en un homme en proportion de l'immuabilité de ses principes, de la fermeté de sa foi en sa mission.

15- Vos facultés sont à vos ordres

La plupart des personnes que j'ai connus et qui ont réussi sur le Net s'attendait à ce que les choses tournent bien quelque sombres et décourageantes que fussent les apparences, ils gardaient avec ténacité leur confiance dans le résultat final.

L'habitude de garder une attitude expectative attire à nous, par quelque mystère inconnu, les choses que nous désirons.

Nos facultés sont à nos ordres ; elles produisent ce que nous attendons d'elles.

Si nous attendons beaucoup, elles nous aideront beaucoup. Si, d'autre part, nous n'avons pas assez de confiance pour les exciter à faire un vigoureux effort, si nous hésitons ou doutons, nos facultés perdront courage, et leur effort sera faible et impuissant.

Je ne connais pas d'habitude qui donne plus de valeur à notre vie que celle de croire toujours au bien plutôt qu'au mal, et de tenir pour acquis que nous réussirons dans tout ce que nous entreprendrons.

L'habitude de s'appesantir sur les difficultés en les exagérant, affaiblit le caractère et paralyse l'initiative, à tel point qu'elle peut même empêcher d'entreprendre quoi que ce soit. Celui qui voit avant tout les difficultés, ne fera jamais rien de grand. L'homme qui réussit est celui qui voit le but et défie les obstacles.

Si les Alpes avaient paru aussi formidables à Napoléon qu'à ses généraux, il ne les aurait jamais traversées en plein hiver.

On aurait aussi bien pu essayer de remuer Gibraltar que d'essayer de détourner Napoléon de sa voie ou de changer ses décisions lorsqu'il avait prononcé son ultimatum.

16 - Le succès appartient aux forts

La foi nous a été donnée pour nous soutenir, pour nous rassurer, quand nous ne pouvons plus voir la lumière, ni résoudre nos problèmes. Elle est pour l'individu ce qu'est la boussole pour le navigateur qui ne perd jamais son assurance, même pendant l'orage, parce que la boussole le dirige sûrement vers le port.

Le succès appartient aux forts. Ce qui fait trébucher l'homme faible et hésitant n'existe pas pour l'homme déterminé, vigoureux et positif. Les difficultés sont grandes ou petites en proportion de notre grandeur ou de notre petitesse.

Devant les uns, elles s'élèvent comme des montagnes, devant les autres, elles s'abaissent comme des taupinières.

N'ayez pas peur des responsabilités ; il n'y a pas de plus grande erreur que d'ajourner les responsabilités actuelles en pensant que nous serons mieux préparés à les assumer plus tard. Les accepter comme elles nous viennent est la meilleure des préparations, car nous ne pouvons faire aucune chose facilement, si nous ne l'avons faite assez souvent pour en avoir pris l'habitude.

17 - Ayez confiance en vous-même

De la résolution de faire ce qui vaut le mieux, quelque désagréable et humiliant que cela vous paraisse, et sans vous inquiéter des souffrances que cela pourrait vous infliger, dépend le développement de votre virilité.

Des puissances insoupçonnées surgiront à votre appel. « Aie confiance en toi-même ». Tout coeur vibre à cette exhortation.

Beaucoup de personnes semblent s'ignorer jusqu'à ce qu'elles aient subi une défaite humiliante. Cet insuccès dégage alors de la profondeur de leur nature des forces qui les rendent capables de faire des merveilles.

Quand un homme se voit à terre, et sent que son entourage le méprise ou le blâme, il prend souvent la résolution de se relever de sa disgrâce, et tout en lui tend vers le bien. Il semble alors se dire : « A mon prochain Waterloo, je serai un Wellington et non un Napoléon ».

Regardez la vie différemment

« Réussir sa vie, c'est l'art de savoir prendre la vie du bon côté en toutes circonstances.»

Qu'en pensez-vous ?

Et oui, finalement, dans la vie, il existe toujours plusieurs façons de voir une situation, un événement.

Si nous n'avions pas le choix, notre vie serait bien monotone car cela voudrait dire que chacune des décisions que nous prenons n'a pas d'influence sur notre vie.

Difficile d'entreprendre quelque chose avec cette vision de la vie.

Par contre, si chacune des décisions que nous prenons a un impact sur notre vie, toutes les données changent et nous pouvons retrouver la liberté de donner un sens qui nous plait à notre vie.

Et si **« réussir sa vie »** se résumait à ça :

Prendre la décision de voir la vie du bon côté.

Et vous, quelle vision de la vie choisissez-vous d'adopter ?

- La vision négative :

C'est injuste, et en plus j'y suis pour rien... Victime

De toute façon on ne peut rien y faire... Fataliste et impuissant

J'en ai marre de tout ce qui se passe... Révolté

J'en peux plus... Épuisé, fatigué

Etc...

- La vision positive :

On va trouver une solution... Confiant et optimiste

Je n'avais jamais vu les choses sous cet angle-là... Esprit ouvert

Vient faire un câlin… Réconfortant

Quelle chance de… Reconnaissant

Etc…

C'est à vous de décider.

Mais ne laissez pas une occasion d'être plus libre s'envoler, prenez les décisions qui vous font du bien.

Décidez de prendre la vie du bon côté, et votre vie sera bientôt transformée.

Vivre sa vie pour la réussir

Qu'entend on par réussir sa vie?

Pour beaucoup, réussir sa vie, c'est devenir riche, être puissant, pouvoir acheter sans calculer, gâter ses enfants, avoir des loisirs, voyager On mise beaucoup sur les signes extérieurs de la réussite, sur le *standing* social pour impressionner les autres. C'est qu'on s'imagine que réussir sa vie, c'est devenir important aux yeux des autres. Il est plus facile de chercher à être bien vu des autres que de développer l'estime de soi. Beaucoup de gens ne commencent à s'aimer eux-mêmes que lorsque tout le monde les aime, quand d'autres personnes leur reconnaissent de la valeur, des qualités.

Il y a aussi des questions à se poser pour réussir sa vie. Nous avons de l'argent pour consommer, mais pourquoi devons-nous consommer autant? Le plus souvent parce que nous ressentons un vide intérieur, un malaise. Pourquoi avoir des enfants si nous n'avons pas le temps de nous en occuper et d'avoir du plaisir avec eux? Sommes-nous sûrs que cette façon de vivre est celle que nous voulons vraiment? Ces questions nous aident à découvrir que réussir sa vie, c'est plus que tout ça. C'est se sentir bien, se sentir heureux d'exister et essayer de réussir cette aventure extraordinaire «de son vivant».

Lorsqu'on croit que notre vie actuelle n'est qu'une préparation à un bonheur futur, il est difficile de la vivre intensément. En effet, une certaine génération a cru qu'on était sur terre uniquement pour gagner notre ciel. On pensait que, plus on renonçait à soi-même maintenant, plus on avait de chances d'être comblé ensuite. Cela fait sourire aujourd'hui, mais les gens ont le même raisonnement quand ils pensent avoir le temps de vivre et d'être heureux, de voir les enfants, plus tard, lorsqu'ils seront à la retraite.

La vraie réussite, ça se passe maintenant. C'est sentir que nous sommes en train de vivre et de réussir notre vie. C'est surtout réussir à donner du sens à tout ce que nous vivons. Pour y arriver, nous avons un défi à relever: devenir le plus possible soi-même.

Toute notre vie est la recherche du sens de la vie. Qu'est-ce que nous faisons sur terre? Avons-nous une raison de vivre, comme plusieurs me le demandent? Le sens à donner à notre vie vient-il de nous-mêmes? Ce que je sais, c'est que mieux on se connaît plus il devient facile de découvrir le sens de notre vie. Ensuite on peut établir avec les autres des relations saines faites de respect, de réciprocité et de partage. Réussir sa vie, c'est aussi devenir conscient de l'aventure humaine, du sens qu'elle peut avoir, du sens que chacun peut lui donner La vie est comme un voyage en bateau. Mais sur ce bateau, disait MacLuhan, nous ne sommes pas des passagers, nous sommes l'équipage. Il faut connaître notre embarcation et la mer où nous naviguons, c'est-à-dire notre monde. Il relève de notre responsabilité de voir si nous faisons bonne route ensemble, de vérifier si on se dirige bien où nous voulons aller, de trouver notre place dans cette aventure.

Il faut prendre conscience de notre condition de voyageur et s'organiser pour faire un beau voyage avec les autres. Voyager, c'est bien sûr s'amuser, relaxer, danser, jouer. Mais c'est aussi participé à la réussite du voyage pour tous. Et ce n'est pas parce que tout voyage a une fin qu'il est un échec. Entre son début et sa fin, il y a le plaisir de voyager.

Actuellement, les vents dominants nous poussent vers la mondialisation. Nous savons par ailleurs que nous sommes six milliards d'humains sur terre et qu'il y a de plus en plus de personnes pauvres. Que va-t-il se passer en 2025, lorsque nous serons près de neuf milliards? Albert Jacquard, Hubert Reeves et bien d'autres penseurs le disent: on ne pourra pas vivre comme nous le faisons actuellement encore très longtemps avec une distribution aussi inégale et abusive des ressources naturelles.

Réussir sa vie, c'est également partager, Il y a sur terre tout ce qu'il faut pour nourrir les gens et rendre la vie de tous assez confortable pour qu'ils puissent avoir du temps pour créer, pour échanger, pour communiquer. En partageant, nous sommes partie prenante de la vie. Cela veut dire aussi qu'il faut arrêter de détruire la nature et d'aliéner une grande partie du genre humain. Il faut cesser de programmer les personnes pour qu'ils fonctionnent comme des machines.

Lorsque nous sommes satisfaits de ce que nous avons accompli et que nous avons le sentiment d'être dans un processus de croissance, nous réussissons notre vie. Nos réussites sont un tremplin pour aller plus loin, pour aller de plus en plus vers les autres.

Plus jeunes, on croit réussir sa vie en étant centrés sur nous-mêmes, sur l'image qu'on projette. Mais, progressivement, on se tourne vers les autres, on se sent responsables des autres. C'est un gros défi de réussir sa vie qui se renouvelle continuellement jusqu'à la fin de nos jours. Car apprendre à vivre notre vie à 30 ans et à 60 ans, c'est différent.

En vieillissant, on devient plus calme, plus serein et plus sage. On vit encore de grandes passions, mais avec plus de prudence. C'est dommage que beaucoup de gens attendent d'être frappés par la maladie ou de vivre des moments difficiles pour découvrir les beautés de la vie et ce qu'ils peuvent faire pour les autres. Chaque étape est unique.

Est-ce que l'école prépare nos jeunes à réussir leur vie?

On a évalué que 80 % des apprentissages de l'enfant se font en dehors de l'école. En arrivant à l'école, l'enfant a déjà la tête pleine d'éléments d'information qu'il a pigés ici et là. Mais il n'a pas intégré toute cette information et il n'a pas de réponses à toutes les questions qu'il se pose. Il faut lui permettre d'en discuter pour arriver à en faire un tout cohérent. Si l'école ne réussissait que cela, ce serait déjà beaucoup. L'école doit tenir compte de ce que les enfants savent déjà et partir de là.

Cette statistique montre aussi l'importance pour les parents d'être présents à leurs enfants et d'échanger avec eux. Mais ils sont tellement épuisés qu'ils n'ont plus de temps pour être en contact avec eux. L'école et les enseignants exigent que l'enfant fasse des travaux scolaires à la maison.

Les valeurs qu 'on adopte dans notre vie quotidienne marquent nos enfants parce qu 'ils nous voient agir selon nos convictions.

Personnellement, je suis contre les devoirs et les leçons à la maison. L'enfant a déjà fait sa journée de travail. Il a eu le stress de vivre en groupe, les repas, les transports. Il arrive à la maison et on l'oblige à travailler le soir. On demande aux parents de faire de la discipline.

Les parents devraient plutôt pouvoir disposer de ce temps pour jaser avec leur enfant, aller faire une marche, jouer ensemble ou encore lire un beau livre avec eux. C'est au cours de ces activités que l'enfant pose ses questions et qu'il réussit à mettre de l'ordre dans ce qu'il sait déjà.

C'est en ce sens que l'éducation à l'école devrait être centrée sur l'apprentissage de la vie. L'enfant a besoin, à son niveau, de sentir que sa vie a un sens, qu'il est relié aux autres, qu'il est partie prenante de l'humanité et qu'il est en lien avec un absolu, peu importe est conscience, énergie et amour.

Aimer les enfants, c'est les respecter en tant qu'enfants. Ils ont des aspirations fondamentales bien à eux. Ils ont le droit de vivre leur enfance et n'ont pas à devenir de petits adultes avant le temps. Aujourd'hui, on demande aux enfants de gérer leur stress, leurs émotions et leurs stratégies cognitives. Vont- ils vivre leur enfance ou vont-ils la gérer?

L'école pense qu'elle aide et motive les jeunes quand elle les stresse, parce qu'elle pense que c'est la meilleure façon de les préparer à la vie. Alors, elle leur pousse dans le dos, les oblige à performer, à dépasser les autres. En agissant ainsi, elle enlève aux enfants le désir d'apprendre et diminue leur motivation. Ensuite, elle cherche quoi inventer pour les stimuler: de l'argent scolaire, des sorties, des cadeaux.

L'école propose le voyage organisé le plus ennuyeux qui soit. Tout le monde va aux toilettes en même temps. Tous mémorisent les mêmes choses en même temps. L'école est censée être un lieu où les enfants font l'apprentissage de la vie. Mais on les empêche de vivre. Ils n'ont pas le droit de parler, de marcher et, encore moins, de déranger. L'école leur apprend à fonctionner comme ils devront le faire plus tard à l'usine et au travail. Or, tout le marché du travail est en pleine transformation, qu'on pense seulement à la montée du travail autonome.

L'école doit plutôt enseigner aux enfants à devenir libres, avec les risques que cela comporte. Ceux qui détiennent le pouvoir privilégient encore une éducation qui conditionne les gens. Ils voient l'autonomie personnelle comme dangereuse au sens où plus une personne devient autonome, moins il est possible d'avoir de pouvoir sur elle. En réalité, plus les personnes sont autonomes, plus elles sont efficaces et plus il est possible de créer des relations enrichissantes avec elles. Elles deviennent des personnes-clés sur lesquelles on peut compter pour bâtir un monde viable pour tous.

L'école tente toujours de conditionner, elle enlève la confiance en soi. Nous avons des écoles uniformes que l'on met en compétition les unes avec les autres. Ce sont les professeurs qui se sentent évalués par ces palmarès. Je connais une école qui reçoit des petits enfants de toutes les nationalités. Ils sont accueillis chaleureusement, ils sont aimés. Peu à peu, ils commencent à sourire et à apprendre le français, mais leurs résultats scolaires diminuent la moyenne du groupe. Et comme l'école se classe parmi les dernières dans le palmarès, les enseignants ont l'impression que leur travail d'éducation n'est pas reconnu.

En bout de ligne, comparons ceux qui réussissent à l'école et ceux qui échouent. Les élèves qui réussissent sont ceux qui oublient après l'examen, ceux qui échouent sont ceux qui oublient avant l'examen. Une majorité d'étudiants oublient d'une année à l'autre ce qu'ils ont appris. Cependant, ils retiennent l'essentiel et ils développent des trucs pour réussir l'examen qui ne porte pas toujours sur l'essentiel.

Ils citent le professeur, c'est bien vu. Ils savent quelles sont les réponses que le professeur veut entendre. Ils lisent les notes de bas de page pour éviter les questions pièges. Ils travaillent en équipe avec un studieux qui passe ses samedis soir à étudier. Ils apprennent à utiliser un système de tricherie auquel ils auront encore recours à l'université.

Nous avons l'impression que ce sont les jeunes qui réussissent à l'école, mais c'est l'école qui réussit avec eux. Elle les fait entrer dans le système. Plus ils sont scolarisés, plus ils sont rassurants. Certains décrochent un doctorat, écrivent de belles thèses, critiquent la société, mais se compromettent rarement dans le changement.

Au niveau universitaire, pour assurer leur carrière et leur promotion, les professeurs doivent à tout prix publier et obtenir des subventions de recherche. Ils ont aussi moins de temps à consacrer à la formation et à la supervision. Ils choisissent donc des étudiants brillants, et ce sont eux qui aident les professeurs dans leurs travaux de cherche et leurs publications. Si le système est devenu ainsi à peu près partout, il y a lieu de s'interroger. Comment s'est- on progressivement laissé imposer un tel style de vie et une telle façon de faire?

Heureusement, on voit de plus en plus d'exceptions. Beaucoup de jeunes ne veulent pas entrer dans ce système ou tout autre système et ils élaborent des façons alternatives de réussir leur vie.

Comment aider son enfant à réussir sa vie?

Quand des parents me posent cette question, je leur dis qu'ils doivent commencer par réussir leur propre vie. Les parents veulent transmettre à leurs enfants des valeurs comme le respect de soi et des autres, la responsabilité. On le sait, les valeurs ne se transmettent que si on est cohérent. Les valeurs qu'on adopte dans notre vie quotidienne marquent nos enfants parce qu'ils nous voient agir. Les discours ne suffisent pas, les parents doivent être pour leurs enfants des modèles de joie de vivre et de réussite. Et ce n'est pas facile.

Comme parents, nous manquons souvent de cohérence. Trop d'adultes voudraient que leurs enfants agissent selon des principes qu'ils ne mettent pas en pratique eux-mêmes. Ils affirment que le sport est bon pour la santé, mais ils n'en pratiquent aucun et plusieurs ne partagent aucune activité physique avec leurs petits. Certains interdisent à leurs enfants de prendre un Coca avant le souper mais prennent eux-mêmes une bière. Il n'y a rien qui prouve que la bière donne de l'appétit et que le Coca l'enlève.

On n'en sort pas, pour aider nos jeunes à réussir leur vie, il nous faut chercher à réussir notre propre vie tous les jours, et demeurer en interaction avec eux. Je crois de plus en plus à l'éducation mutuelle à l'intérieur de la famille. Par exemple, les enfants apportent un soutien aux parents pour percer les mystères de l'informatique et, en retour, ceux-ci aident leurs jeunes à voir les fautes de français dans les devoirs.

Il est assez courant de penser que les enfants doivent toujours être occupés, alors on les inscrit à plusieurs activités: des cours de patin, de dessin, de guitare, le soccer, le hockey. Certains parents paniquent si leur enfant ne fait rien. Ils pensent qu'il perd du temps. Je crois qu'il prend simplement son temps, du temps bien a lui auquel il a droit.

Vous savez, à courir dans le train on n'arrive pas plus vite. Mais on fait un moins beau voyage parce qu'on ne prend pas le temps de profiter du paysage. Dans la vie, c'est la même chose. Pourquoi courir en risquant de perdre le meilleur? Sommes-nous si pressés d'arriver à la fin et de mourir? Cette course est beaucoup plus une fuite de soi qu'un véritable progrès.

Comme parents, si on ne donne pas à nos enfants le goût de vivre et si on ne prend pas du temps pour être avec eux, nous passons à côté de l'essentiel. Pour leur apprendre à vivre et à profiter pleinement de leur temps, il faut vivre avec eux de beaux moments de partage et de communication. C'est la meilleure façon de les aider à réussir leur vie.

Comment se développe le goût de vivre?

Comme je viens de le dire, il faut retrouver du temps pour être ensemble et communiquer. C'est ce qui favorise le goût de vivre. Malheureusement, des gens de tout âge vivent la solitude. Les adolescents et les parents qui sont pris, chacun de leur côté, avec leurs problèmes et qui n'ont personne pour en parler. Les grands-parents, en centre d'accueil, qui restent toute la journée à regarder par la fenêtre, attendant la visite d'un proche. Les journées passent et nous n'avons pas le temps d'échanger, nous communiquons maintenant par des messages sur le frigo.

Nous restons de plus en plus enfermés à la maison. Nous avons pris l'habitude d'accumuler des denrées en grande quantité pour ne pas être obligés de sortir trop souvent. Nous achetons en grosse quantité. Nous faisons nos transactions bancaires par Internet ou par téléphone. Nous utilisons Internet pour communiquer avec tout l'univers, alors que nous ne connaissons même pas le nom de notre voisin.

Nous faisons de belles rationalisations pour justifier notre choix d'envoyer les enfants dans des camps d'été. «Ils feront de belles activités, de belles rencontres.» Mais la famille est en voie de disparition. Elle s'éteint parce que nous restons enfermés dans l'individualisme.

Sur le plan familial, il est important d'avoir des projets collectifs pour développer le goût de vivre. Par exemple, choisir de se priver de l'achat d'un nouvel ordinateur ou d'un téléviseur grand écran, et planifier des vacances familiales. Pas des vacances organisées à Walt Disney, mais dans la nature ou à la mer. Dans un endroit calme où il est possible de se retrouver tranquillement. C'est plus profitable que d'envoyer les enfants dans une colonie de vacances.

Le goût de vivre, ce n'est pas juste un sentiment de bien-être intérieur, c'est aussi se demander si nos proches vont bien, si le reste de l'humanité va bien. C'est se sentir concerné et se demander ce que je peux faire moi. A première vue, c'est une tâche immense, mais la seule chose qui est demandée à chacun, c'est de faire son petit pas. Autrefois, quand on bâtissait une cathédrale, chacun mettait sa pierre. Nous pouvons bâtir une société différente, où il fera bon vivre, si on travaille ensemble.

Réussir sa vie, avoir le goût de vivre, c'est choisir chaque jour de faire des gestes qui ont du sens, qui sont source de tendresse, d'amitié, de joie, de partage et de coopération. C'est se sentir entouré et vivre des relations à travers lesquelles on donne et on reçoit. C'est aussi trouver des réponses valables à nos besoins fondamentaux d'estime de soi et de sécurité, et à deux autres besoins particuliers: la cohérence et la transcendance.

La cohérence, c'est vivre en lien et en harmonie avec ce qui nous habite au plus profond de nous. Sinon, nous vivons en contradiction avec nous mêmes. Etre cohérent exige de bien se connaître et, pour cela, il faut savoir s'arrêter. C'est un long processus, car il y a tellement de choses qui viennent nous distraire.

Le besoin de transcendance, c'est ce désir profond de sortir de nous-mêmes pour s'ouvrir aux autres, à ce qui est plus grand que tout. Nous ne sommes plus des petits pions isolés. Chacun de nous est une pierre de la cathédrale. Nous développons un sentiment d'appartenance à l'humanité et nous arrivons à voir la cathédrale dans son entier. C'est ce qui fait qu'on pense aux milliers d'êtres qui ont vécu avant nous, qu'on se questionne sur le sort de ceux qui vivent aujourd'hui et qu'on se préoccupe de laisser un monde viable aux femmes et aux hommes qui viendront après nous. Il y a une image que j'aime beaucoup, c'est celle du vitrail. Nous sommes tous un petit morceau du vitrail et l'ensemble est beau parce que tous les morceaux sont différents. Si les gens comprenaient qu'ils font partie d'un tout qui est beau, ils pourraient sentir qu'eux aussi ils sont beaux. C'est comme si la beauté de l'ensemble du vitrail se communiquait à chacune de ses parties. Quand il manque un morceau au vitrail, tout le vitrail est moins beau. Et quand chacun s'efforce de devenir plus beau, c'est tout le vitrail qu'il contribue à embellir.

La réussite de la vie passe-t-elle nécessairement par la réussite professionnelle?

Pour bien des gens, le travail salarié, peu importe dans quel domaine, accapare la majeure partie de leur temps. Ils considèrent donc que la réussite de leur vie passe par leur réussite au travail. Or, pour bien peu de gens, le travail est une source de satisfaction et de vie. Il leur procure rarement un sentiment de réussite personnelle, en particulier parce qu'on leur demande d'en faire toujours plus. Cela leur donne l'impression de ne pas réussir. La réussite sur ce plan serait d'avoir la certitude que ce qu'ils font est une contribution valable, reconnue et unique à la société. Travailler, c'est donné de soi, c'est donné une grosse partie de sa vie à une entreprise. Ce don est rarement reconnu à sa juste valeur.

Maintenant, si on regarde cela de l'extérieur, on classe ceux et celles qui gagnent de gros salaires parmi les personnes qui ont réussi. Ils ont réussi quoi? A avoir de l'argent? Réussir en affaires ou professionnellement et réussir sa vie sont deux choses différentes. Alors je vous réponds que la réussite de sa vie peut passer par le travail, mais on constate souvent que le travail entre en conflit avec la réussite familiale et conjugale, qui est deux éléments importants pour réussir sa vie.

La vie n'a de sens que celui qu'on lui donne. Peu importe le travail que nous avons, il doit avoir un sens pour nous et être intégré à notre vie pour en faire une réussite. Choisissons-nous réellement ce que nous voulons faire? Souvent on ne le peut pas. En conséquence, est-ce que nous réussissons à donner du sens à ce travail?

Pour moi, cela signifie que l'on peut partager avec les autres ce que nous savons faire, ce que nous aimons faire. C'est un échange fait de joie de vivre et de talents. Certains ont des aptitudes dans un domaine, d'autres ont des talents pour autre chose. Comme société, on a beaucoup valorisé le travail intellectuel ou encore le travail très bien payé, au détriment du travail manuel. On a pu penser que ceux qui devaient gagner leur vie au pic et à la pelle étaient des humains moins importants. Tout travail est digne et important. C'est l'amour qu'on y met qui fait sa valeur. Le travail est la façon d'exprimer notre amour de la vie et des autres tout en assurant notre subsistance. Il donne de la dignité parce qu'il rend autosuffisant. Celui qui a un travail a cette fierté de ne pas être dépendant des autres. De plus, le travail devrait contribuer à nous rendre heureux parce qu'il nous permet d'apporter quelque chose aux autres. Je pense à un peintre qui a fait une belle toile. La vie en est embellie. C'est une contribution. Quand j'écris des livres, des articles, et que les gens qui les lisent se sentent bien en eux-mêmes, j'ai contribué à la beauté du monde. Pour moi, savoir que j'ai pu aider quelqu'un est une réussite professionnelle.

Habituellement, quand on est scolarisé, on a plus de chance d'obtenir un emploi qu'on aime. Mais le climat au travail peut tout changer. Prenons par exemple, les infirmières qui travaillent dans les hôpitaux. Elles ont choisi de travailler auprès des malades, de faire un travail qu'elles aiment. Mais actuellement, elles n'ont plus de plaisir à le faire. Elles travaillent sous pression, toujours à la course. Elles n'ont plus de temps pour les personnes. C'est dommage. On a détruit ce qui rendait cette profession valorisante.

Je vais encore vous parler de l'école. Les compétences réelles en emploi sont beaucoup plus importantes que le diplôme lui- même. Un diplôme ne garantit pas nécessairement la compétence et un emploi. Quelqu'un qui a appris est quelqu'un qui peut encore apprendre et rester à jour. C'est cette capacité d'apprendre qu'il faut développer chez nos enfants. Or, à l'école, on travaille beaucoup pour les notes et pour le diplôme.

Malheureusement, l'école déforme ceux qui réussissent et aussi ceux qui échouent. Elle déforme ceux qui réussissent parce qu'elle les «embarque» dans un système où l'enfant apprend à être évalué par d'autres. Ce sont les autres qui décident si l'enfant a réussi. Par ailleurs, elle déforme ceux qui échouent en leur faisant croire qu'ils ne sont pas bons et qu'il ne leur reste plus qu'à se résigner à leur sort. Mais en réalité, ce n'est pas vrai.

La réussite de la vie passe-t-elle nécessairement par la réussite professionnelle? Vous le voyez, ce n'est pas si simple que cela.

Peut-on accumuler des échecs personnels et professionnels et réussir quand même sa vie?

Non, bien sûr. Si c'est le cas, il nous faut alors s'interroger sérieusement sur sa façon de vivre et de travailler. Toutefois, il faut bien distinguer erreur et échec. Lorsqu'un enfant apprend à marcher, s'il ne regarde pas où il va et qu'il tombe, il fait une erreur, mais ce n'est pas un échec. Nos erreurs, comme pour l'enfant, sont des sources d'apprentissage. Quand une erreur vient de nous, et qu'on est assez intelligent pour s'en rendre compte, on la corrige et de cette manière on progresse. Il est difficile de réussir quelque chose parfaitement du premier coup. Une réalisation imparfaite n'est pas un échec. Une note de 8sur mon dessin n'en fait pas un échec. La prochaine fois, je vais peut- être faire mieux.

Un voyage qui se termine après trois semaines mais qu'on aurait souhaité plus long est-il un échec? L'échec est généralement un jugement que les autres portent de l'extérieur. Mais ce peut être aussi le sentiment qu'on éprouve quand on a l'impression de ne pas avoir été à la hauteur des attentes des autres. Souvent, hélas!, des attentes qu'on fait siennes inconsciemment. Nous n'avons pas à répondre d'abord aux aspirations des autres. Ce n'est pas à eux de décider, pour nous, ce qui est un échec ou pas.

Dans un couple, on peut être déçu de ne pas avoir dit au bon moment ce qui n'allait pas, de ne pas avoir fait de compromis ou d'en avoir fait trop, d'avoir triché au sens où nous avons fait ou dit des choses sans y croire vraiment. Mais ce ne sont pas des échecs, ce sont des erreurs. On en sort plus ou moins blessé et parfois humilié. Mais si on analyse ses erreurs avec sérénité, et même avec humilité, on peut apprendre à les corriger ou à ne pas les répéter.

Pour donner un autre exemple, je vous parle encore de l'école. Je ne peux m'en empêcher, la majorité des gens voient les décrocheurs comme des jeunes qui ont accumulé des échecs. Et si c'était l'école dans sa forme actuelle qui n'était pas faite pour eux? Si l'erreur c'était l'école elle-même? Quand quelqu'un est allergique aux fruits de mer, on ne l'oblige pas à en manger. Il ne se fait pas engueuler en plein restaurant par le chef cuisine. On lui offre autre chose.

Si l'école actuelle ne répond pas aux besoins des décrocheurs, ce n'est peut- être pas eux que nous devons juger et condamner. Il faut peut-être leur offrir un autre genre de ressource éducative. Ces jeunes ont le droit à l'éducation comme les autres. A tous les ordres d'enseignement, nous devons développer davantage les écoles alternatives. Cela éviterait de provoquer des échecs.

De plus en plus d'écoles offrent des programmes de sport études, musique- études, etc. Mais, pour avoir accès à ces programmes, le jeune doit être fort sur le plan scolaire. Que fait-on avec les jeunes qui ont du talent en musique, mais obtiennent de faibles résultats dans les autres matières? Actuellement, il y a très peu de place pour eux dans le système scolaire.

En septembre 2001 ouvrira à Montréal un centre éducatif qui s'appellera *Le Vitrail*. Il accueillera justement des jeunes qui ont toutes sortes de talents, mais qui ne sont pas nécessairement forts à l'école. S'ils peuvent développer leurs talents propres et se sentir valorisés, ils auront le goût d'approfondir les autres matières de base. Il faut voir d'abord ce que les jeunes ont le goût d'apprendre et développer chez eux le goût d'apprendre avec plaisir.

L'idéal serait que, dès l'enfance, et ensuite, à chaque étape de notre vie, nos erreurs soient perçues comme des expériences de vie qui sont sources d'apprentissage, de croissance et de sagesse.

La réussite est-elle l'apanage des gens favorisés?

Tout dépend de notre conception de la réussite. L'enfant handicapé, par exemple, peut réussir sa vie et être heureux à sa manière à lui. Parents et éducateurs doivent en être conscients. Les enfants différents réussissent leur vie quand ils ont de l'aide et qu'ils se sentent aimés et appréciés. Etre capable d'accepter et de respecter un enfant différent est toujours une démarche qui nous conduit à l'essentiel. Ces enfants nous ramènent constamment aux vraies valeurs et à ce qui est important dans la vie. Pour vivre et réussir leur vie, les enfants handicapés ont aussi de grands défis à relever. Les accompagner dans leurs réussites fait vivre des moments extraordinaires.

Un jour, dans une école secondaire, il y avait une compétition. Les jeunes devaient faire le tour du gymnase à la course le plus rapidement possible. Jean-François, un handicapé physique et mental, s'est inscrit. La course s'est terminée en peu de temps. Alors qu'on croyait que tout était fini, quelqu'un a crié: «Il y a encore Jean-François! » Tout le monde a tourné les yeux vers Jean-François qui courait à son rythme. Il a fait le tour du gymnase. Les gens ont applaudi l'ont félicité parce qu'il avait gagné sa course à lui. Il est devenu un héros.

Il est important de laisser les enfants handicapés vivre leur vie. Ils font partie de notre monde et les gens doivent apprendre à vivre avec eux sans les isoler en les envoyant dans des institutions spéciales et fermées.

La réussite, pour les enfants de milieux défavorisés, est beaucoup plus compliquée, difficile, car ils sont victimes d'une situation d'injustice sociale que nous entretenons. Notre société crée le chômage et la pauvreté. On a une assistance sociale parfois humiliante qui les maintient dans une situation de misère chronique.

Le milieu scolaire est souvent plein de préjugés contre ces enfants. La majorité des enseignants ne viennent pas de milieux défavorisés. Souvent, ils ne connaissent pas ces milieux et font preuve d'un grand mépris pour ces enfants, particulièrement lorsqu'il est question de performance. Certains enseignants suggèrent même aux enfants d'être malades le jour de l'examen pour ne pas diminuer la moyenne du groupe. En plus d'être pauvres, de manquer de tout, d'être rejetés par les camarades de classe, ils se font dire qu'ils ont une chance sur deux de réussir leurs études secondaires. Je connais quelqu'un depuis vingt ans, qui travaillent avec des gens du milieu scolaire afin de les aider à accueillir un peu mieux ces enfants et de leur faire découvrir leur potentiel de réussite.

On dévalorise aussi beaucoup leurs parents. Bien sûr, il arrive qu'ils aient des difficultés et qu'ils s'emportent. Certains boivent, dépriment et sont violent parce qu'ils ne savent pas comment s'exprimer. Au lieu d'aider ces parents à développer leurs compétences parentales, ils les dénigrent et ils les substituent à eux. On fait déjeuner l'enfant à l'école, on le garde à dîner, on lui fait faire ses devoirs, un peu plus et on le garderait à coucher.

Les gens des milieux défavorisés peuvent faire beaucoup pour améliorer leur situation, et plusieurs le font déjà. Ils ne demandent qu'à être respectés. Ils ont besoin de se sentir aidés, pas contrôlés. On leur donne l'impression que c'est nous qui savons ce qu'ils devraient faire. Cela les humilie. Ils veulent qu'on les regarde comme des gens dignes, responsables et capables de devenir autonomes et aussi de réussir leur vie à leur manière à eux. Les gens défavorisés ne refusent pas l'aide, ils refusent le mépris et le contrôle.

Le problème de la pauvreté des autres va se régler quand il deviendra notre problème. D'ici là, la réussite pour les gens défavorisés est de ne pas avoir honte et de ne pas se cacher. Ils doivent nous rappeler que, s'ils en sont là, c'est un peu à cause de nous. A cause de l'organisation actuelle du travail et des lois que votent nos dirigeants et qui maintiennent beaucoup de ces gens dans la marginalité et la survie.

Riches ou pauvres, handicapés ou bien portants, nous pouvons tous réussir notre vie. Chaque être humain a besoin de se sentir respecté et aimé, de croire qu'il est utile, de voir qu'il contribue à bâtir quelque chose. Nous sommes tous aussi un peu responsables de la réussite des autres. Le regard que nous portons sur eux peut les faire grandir ou bien les démolir.

La définition du bonheur

Voici la définition du bonheur :

« Le vrai bonheur consiste à rendre les autres heureux »

Ainsi soyez autant que possible une personne aimable, gentille, généreuse et aimante. En partageant le moindre bonheur que vous vivez avec les autres, vous multiplierez le bonheur qui se manifestera dans votre vie.

Pour être heureux, vous pouvez aussi suivre les conseils suivants :

- Ayez suffisamment d'objectifs pour obtenir certaines satisfactions.
- Ayez suffisamment de travail pour en vivre.
- Ayez suffisamment de biens pour pourvoir à vos besoins de base.
- Ayez suffisamment d'affection pour pouvoir aimer un certain nombre de personnes mais n'en aimer très fort que quelques unes.
- Ayez suffisamment de respect personnel pour s'aimer soi-même.
- Ayez suffisamment d'esprit charitable pour donner aux démunis.
- Ayez suffisamment de courage pour faire face aux difficultés.
- Ayez suffisamment de créativité pour résoudre les problèmes.
- Ayez suffisamment d'humour d'espoir pour s'attendre à des lendemains intéressants.
- Ayez suffisamment d'humour pour rire à volonté.
- Ayez suffisamment de gratitude pour apprécier ce que vous avez.
- Ayez suffisamment de santé pour aimer pleinement la vie.
- Apprenez à vivre et à être heureux un jour à la fois. vous maîtriserez ainsi l'art d'être toujours heureux.
- N'oubliez pas que où que vous alliez et quoi que vous fassiez, vous ne pourrez échapper à vous-même.
- Vous êtes la source de votre bonheur, votre vraie richesse est la capacité de penser de façon créative et spirituelle.

Enfin n'oubliez pas que l'argent ne fait pas le bonheur.
Voici les choses inestimables que l'argent ne peut acheter :

- La santé
- L'indépendance
- Des amis de qualité
- La satisfaction
- Le respect des autres
- La réputation

- L'honorabilité
- Une attitude enjouée
- La longévité
- La créativité personnelle
- Vos réalisations
- Une famille aimante
- L'intégrité
- La tranquillité d'esprit
- Le sens de l'humour
- La jugeote populaire
- La patience
- La compassion
- La santé mentale
- La cordialité
- L'humilité
- Le charme
- L'estime de soi
- La réalisation spirituelle
- La gratitude
- La communion d'idées
- La capacité de gérer l'argent
- La générosité
- La noblesse d'esprit
- La forme physique
- Le temps

Le guide du bonheur

1. Perspective, Utilise-la ou perds-la.

2. Si tu t'arrêtes à cette ligne, tu es en train d'oublier que ce qui se passe autour de toi n'est pas la réalité. Réfléchis à cela. Rappelle toi d'où tu viens, où tu vas, pourquoi tu as créé le désordre où tu t'es mis pour commencer.

3. Tu vas mourir une mort horrible, souviens-t'en. Tout est un bon exercice, et tu en auras plus de joie si tu gardes ces faits présents à l'esprit. Prends ta mort au sérieux, toutefois, Rire sur le chemin de son exécution n'est pas compris en général par les formes de vie moins évoluées, et ils te traiteront de fou.

4. Apprendre, c'est découvrir ce que tu sais déjà. Faire, c'est démontrer que tu le sais. Enseigner, c'est rappeler aux autres qu'ils savent aussi bien que toi. Vous êtes tous apprenants, faisant, et enseignants.

5. Ta seule obligation en n'importe quelle vie est d'être vrai envers toi-même.

6. Les questions les plus simples sont les plus profondes : Où es-tu né ? Où est ta maison ? Où vas-tu ? Que fais-tu ? Réfléchis à ces questions de temps en temps, et observe tes réponses, qui changent.

7. Tu enseignes le mieux ce que tu as le plus besoin d'apprendre.

8. Vis de façon à n'avoir jamais honte si n'importe lequel de tes actes ou paroles est exposé à la face du monde, même si ce qui est exposé n'est pas vrai.

9. Tes amis te connaîtront mieux à la première minute de rencontre que tes relations ne te connaîtront au cours de mille années.

10. La meilleure façon d'éviter la responsabilité est de dire : "J'ai des responsabilités."

11. Tu es conduit à travers le temps de ta vie par la créature intérieure qui apprend, l'être spirituel alerte qui est ton moi réel.

12. Ne t'écarte pas des futurs possibles avant d'être certain que tu n'as rien à apprendre d'eux. Tu es toujours libre de changer d'idée et de choisir un futur différent, ou un différent passé.

13. Il n'est jamais problème qui n'ait un cadeau pour toi entre ses mains. Tu cherches des problèmes parce que tu as besoin de leurs cadeaux.

14. Le lien qui t'unit à ta vraie famille n'est pas celui du sang, mais celui du respect et de la joie, dans la vie de chacun des membres. Il est rare que les membres d'une même famille grandissent sous le même toit.

15. Discute pour tes limites, et à coup sûr elles sont à toi.

16. Imagine l'univers : beau et juste et parfait, Puis sois assuré d'une chose : l'être l'a imaginé infiniment mieux que tu ne l'as fait.

17. Un nuage ne sait pas pourquoi il se déplace justement dans telle direction et à telle vitesse. Il ressent une impulsion... C'est la place où il doit aller maintenant. Mais le ciel connaît les raisons et les modèles derrière tous les nuages, et tu les connaîtras aussi, lorsque tu t'élèveras assez haut pour voir au-delà des horizons.

18. Il ne t'est jamais donné un désir sans que te soit donné le pouvoir de le rendre réalité. Tu peux néanmoins être obligé de peiner pour cela.

19. Le monde est notre cahier d'écolier, sur ses pages nous faisons nos exercices. Il n'est pas la réalité, quoique tu puisses y exprimer de la réalité si tu le désires. Tu es également libre d'écrire des inepties, ou des mensonges, ou de déchirer les pages.

20. Le péché originel, c'est de limiter l'être.
Ne le fais pas.

21. Si tu veux t'exercer à être fictif quelques temps, tu comprendras que des personnages fictifs sont parfois plus réels que les gens possédant des corps et des coeurs battants.

22. Ta conscience est la mesure de l'honnêteté de ton égoïsme.
Ecoute-la avec grand soin.

23. Chaque personne, tous les événements de ta vie, sont là parce que tu les as attirés là. Ce que tu choisis de faire avec eux n'appartient qu'à toi.

24. La vérité que tu dis n'a ni passé ni futur. Elle est, et c'est tout ce qu'il lui faut être.

25. Voici une épreuve pour découvrir si ta mission sur Terre est terminée : Si tu es vivant, c'est qu'elle ne l'est pas.

26. Afin de vivre libre et joyeux tu dois sacrifier l'ennui. Ce n'est pas toujours un sacrifice facile.

27. N'ayez point de crainte au moment de l'au revoir, un adieu est nécessaire avant de pouvoir se retrouver encore. Et ceux qui sont amis sont assurés de se retrouver encore, après des instants ou des vies.

28. Le signe de ton ignorance, c'est la profondeur de ta croyance en l'injustice et en la tragédie. Ce que la chenille appelle la fin du monde, le Maître l'appelle un papillon.

Les sept clés du bonheur
Les sept clés essentielles pour créer le bonheur dans votre vie

Les sept clés essentielles pour créer le bonheur dans votre vie.

Il n'a pas pour objectif de vous rendre heureux juste en lisant ces quelques pages, un peu comme si le secret du bonheur était une formule magique qu'il suffisait de lire.

Son objectif est de vous faire comprendre qu'être heureux dans la vie n'est pas le fruit du hasard, mais d'une prise de confiance sur la manière dont vous fonctionnez et dont les choses fonctionnent. Cela vous conduira à un niveau de conscience plus grand et à savoir mieux réagir face aux difficultés, face aux défis de la vie.

Tout le monde peut lire ce livre, quelle que soit sa situation de vie actuelle, son vécu et ses connaissances intellectuelles. Il est rédigé dans un style simple et direct afin d'aller à l'essentiel et de vous permettre de vous imprégner rapidement des bases qui vous permettront d'être rapidement en mesure de changer la qualité de votre vie.

Les sept clés du bonheur vous seront utiles dans tous les domaines de votre vie. Ce sont elles qui régissent tous les aspects de votre existence, et qui que vous soyez, vous pourrez tirer d'importants bénéfices de cette lecture et de sa mise en application.

Le nombre de pages de ce livre est volontairement limité pour vous permettre de le relire régulièrement et d'avoir ainsi l'essentiel toujours à portée de main.

Certaines clés vous paraîtront évidentes lorsque vous en aurez pris connaissance. La question que vous devrez vous poser n'est pas de savoir si vous savez déjà ce qui est écrit, mais si vous le mettez en pratique, ce qui est différent.

C'est un peu comme pour l'alimentation, tout le monde sait ce qu'il est bon de manger ou ce qui n'est pas bon pour l'organisme, mais combien en tiennent vraiment compte? Savoir n'apportera aucun changement dans votre vie, ce qui fera la différence c'est ce que vous ferez de ce que vous avez appris et la façon dont vous le mettrez en application.

D'autres clés vous paraîtront absurdes ou fausses par rapport à la vision que vous avez des choses. Ce qui vous fera avancer dans la vie, grandir, ce ne sont pas les choses que vous savez déjà, mais celles que vous ne savez pas encore.

Votre situation de vie actuelle est le résultat de vos pensées et de votre manière de percevoir les choses, et donc d'agir. C'est avec de nouvelles perceptions que vous agirez différemment et donc que votre vie deviendra différent.

"Vous ne pouvez changer en restant le même"

Soyez donc particulièrement vigilant aux idées et concepts avec lesquels vous pourriez ne pas être d'accord, car ils contiennent bien souvent la clé de vos problèmes.

La meilleure façon d'utiliser ce livre est d'étudier chaque jour de la semaine une des 7 clés qu'il contient. Semaine après semaine - même si vous avez parfaitement compris intellectuellement ce que vous avez lu — continuez chaque jour d'étudier une clé.

Étudiez la première clé chaque lundi, et l'autre chaque jour de la semaine. Chaque jour vous devez vous concentrer et mettre en application au quotidien uniquement la clé du jour. Toute votre attention doit être fixé sur elle ce jour-là et vous devez vous demander à chaque instant comme la mettre en pratique de la meilleure manière à travers vos actions quotidiennes.

En procédant de cette manière, vous allez vous programmer intérieurement au bonheur, vous allez changer vos perceptions, vos idées, votre manière de faire et d'être et c'est la qualité de votre vie toute entière qui s'en trouvera améliorée.

Souvenez-vous que ce n'est pas parce que vous avez compris une chose que cela vous dispense de la mettre en pratique. Appliquez chaque jour ce que vous aurez appris, redevenez comme un enfant, prêt à chaque instant à découvrir quelque chose de nouveau. Votre vie et comment vous vous sentez intérieurement s'en trouvera modifiés pour toujours.

Décidez aujourd'hui de devenir acteur de votre vie et créateur de votre bonheur. Tout ne dépend que de vous, débranchez le pilotage automatique et prenez les choses en main

'Le bonheur est une décision que l 'on prend"

Ayez des buts dans la vie

Voici votre première clé du bonheur, étudiez-là chaque lundi, répétez la et mettez la en pratique jusqu'à ce qu'elle devienne une habitude, jusqu'à ce qu'elle devienne une nouvelle manière de penser.

Pour beaucoup de personnes, cette première clé paraîtra d'une évidence "évidente", et pourtant...

Et pourtant, combien de personnes savent aujourd'hui réellement ce qu'elles veulent dans la vie? Combien se contentent de se laisser porter par le courant de la vie, comme un navire sans gouvernail?

Demandez aux gens autour de vous ce qu'ils veulent dans leur existence, ils vous répondront des banalités ou généralités comme "je veux être bien", "je veux être plus heureux" ou "je veux réussir ma vie". D'autres vous répondront ce qu'ils ne veulent pas : "je ne veux plus avoir de kilos en trop", "je ne veux plus être pauvre", "je ne veux plus être seul" ou "je ne veux plus être à découvert sur mon compte en banque".

Si beaucoup de gens sont totalement incapables de vous dire comment ils veulent que leur vie de demain soi, d'autres ne voient même pas l'intérêt de se poser la question.

Ils ont appris des choses pendant leur scolarité, ont obtenu des diplômes, ont appris leur métier et maintenant ils sont en vitesse de croisière, vivent chaque jour plus ou moins la même chose et considèrent que la vie est ainsi faite.

Ils se sont installés dans une routine plus ou moins confortable qui les rassure sur l'apparente stabilité des choses et ils pensent déjà à la retraite qui arrivera dans 30 ans.

Pour certain, le but est d'atteindre cette stabilité en se mariant et en ayant un emploi stable et sûr. N'avez-vous jamais entendu dire qu'il fallait chercher la sécurité de l'emploi?

La sécurité de quoi ? La sécurité de faire la même chose toute sa vie? La sécurité de travailler 40 ans dans le même bureau, avec les mêmes gestes quotidiens, les mêmes collègues de travail et le même salaire?

Cette représentation vous paraîtra peut-être un peu exagérée, loin de la réalité, mais s'il y a tant de personnes qui ne sont pas heureuses c'est qu'il y a une raison.

Il est question ici de remettre en question la manière dont nous sommes tous plus ou moins conditionnés dès notre enfance à avoir une vie réglée, routinière et monotone. Beaucoup de gens sont des automates, des machines à faire chaque jour la même chose et surtout des machines qui n'ont plus de rêves ni de buts. Des machines à qui l'on a dit "il n'y a pas de travail, estime-toi heureux d'en avoir un" ou "la vie est dure, soi déjà satisfait de ce que tu as, c'est mieux que rien".
S'il est important d'avoir un travail et une certaine stabilité dans la vie, il est primordial de garder entière cette capacité à rêver que nous avions étant enfant.

Tout ce qui ne grandit pas meurt
Dans la nature, les fleurs, les plantes, les arbres, grandissent ou meurent. Une plante sera plus belle le lendemain ou elle commencera à mourir peu à peu. Il n'y a pas de stabilité ou de routine dans la nature, tout est en perpétuel changement.
L'être humain lui, croit qu'il échappe à cette règle. Il a bien constaté que physiquement il changeait et vieillissait d'année en année, mais il croit que son travail ou ces relations conjugales seront stables toute sa vie. Cela n'est pas possible.
Si chaque jour vous ne progressez pas, vous régressez.
Si chaque jour vous ne devenez pas meilleur dans votre travail, vous régressez.
Si chaque jour vous n'aimez pas davantage votre conjoint, vous l'aimez moins.
Vous ne pouvez pas aimer quelqu'un de la même manière toute votre vie. Et pourtant, lorsque deux personnes ont atteint le rythme de croisière dans leur relation, elles considèrent que les choses sont acquises et que ce rythme, ce ressenti intérieur qui les unit sera le même chaque jour.
C'est faux, et le nombre de divorces et de séparations le met bien en évidence : si vous ne vous aimez pas plus chaque jour, vous vous aimerez moins. Si votre amour ne grandit pas, il commencera à diminuer.
Si vous ne progressez pas dans votre travail, petit à petit vous ne serez plus aussi efficace. Quel que soit votre travail.
Alors il est certain que tout cela est discret et passe totalement inaperçu si vous n'y faites pas attention, aussi discret que chaque jour vous vieillissez.

Faites le point
Faites le point sur votre vie. Où en êtes-vous dans votre relation? Avez-vous tous les jours à l'esprit le fait qu'il faille que volontairement et consciemment vous fassiez de nouvelles choses pour développer votre amour pour la personne avec qui vous êtes? Voulez-vous vraiment que demain elle vous aime encore plus qu'aujourd'hui ou faites-vous juste le minimum pour entretenir la stabilité de la situation actuelle?
Et au niveau de vos rapports intimes? Avez-vous à l'esprit le fait qu'il est nécessaire que vous trouviez des moyens d'avoir plus de plaisir avec l'autre personne et lui en donniez plus également ou vous contentez-vous de ce que vous avez en vous disant que cela vous plait ainsi ou que c'est mieux que rien?
Est-ce que votre complicité avec votre conjoint grandit de jour en jour et que vous arrivez toujours mieux à vous comprendre sans même avoir besoin de vous parler ou qu'au contraire, vous avez certaines fois l'impression que l'autre ne vous comprend pas?

Soit vous progressez, soit vous régressez. Il n'y a pas de stabilité. L'illusion de la stabilité n'est que la régression qui s'installe et que l'on ne veut pas admettre, en se disant souvent que c'est normal.

Cela est valable dans tous les domaines de votre vie, vous devez progresser constamment, chercher à évoluer, faire travailler votre esprit vers le haut.

Si votre esprit ne travaille pas vers le haut, il travaillera vers le bas.

La vie est énergie

La vie est énergie et elle doit circuler, si elle ne circule pas elle meurt. Lorsque l'énergie de la vie ne circule pas harmonieusement en nous, il se crée des blocages, des noeuds et c'est ce qui cause des maladies.

Si vous laissez de l'eau dans une baignoire, elle va finir par pourrir, elle a besoin de circuler, de se mettre en mouvement. Tout ce que vous enfermez commence à mourir. Votre amour, votre argent, vos projets, votre énergie, tout doit circuler et bouger.

Il ne s'agit pas d'une idée à la mode, mais d'une réalité concrète et constante depuis la nuit des temps. L'être humain est peut-être capable de penser et de se mentir sur ses conditions de vie et la manière dont il se sent, mais cela n'ôte rien au fait que la nature a ses lois et que personne n'y échappe. Aussi sûrement que nous mourrons tous un jour.

Vouloir mieux ne veut pas dire être insatisfait

Attention, je n'ai pas dit qu'il fallait en permanence être insatisfait de ce que l'on a et vouloir plus. Ce qu'il faut c'est continuer son chemin dans la vie, savoir que l'on va quelque part et apprécier la route qui nous y emmène.

Le bonheur n'est pas au bout du chemin, le bonheur est le chemin.

Pour être heureux, vous devez développer votre capacité à apprécier ce que vous avez aujourd'hui, à profiter de chaque instant avec le maximum d'intensité tout en programmant votre esprit pour qu'il vous aide à vous créer des moments encore meilleurs pour demain.

Même si vous n'êtes pas satisfait de votre travail, vous devez le faire avec toute l'intensité de ce que vous êtes, vous devez vous y engager à 200%. C'est ainsi la vie vous donnera des occasions de progresser car vous aurez pleinement utilisé ce qu'elle vous a donné.

Si vous voulez changer de travail, vous devez développer en vous la joie de faire ce que vous faites car c'est ainsi que vous rayonnerez et que l'on vous proposera un meilleur poste.

Si vous devenez aigri et frustré, il se dégagera de la négativité de vous et cela vous enracinera encore plus dans ce que vous ne voulez pas.

C'est en montrant que vous êtes pleinement satisfait de ce que vous avez que vous obtiendrez plus, mais pas en étant insatisfait.

En aimant votre travail et tout ce que vous faites, vous allez puiser dans vos ressources intérieures et grandir. C'est la même chose si vous vous investissez pleinement dans une relation qui ne vous convient pas. En vous investissant vous allez développer de nouvelles capacités, rayonner différemment et c'est cela qui rétablira la situation ou vous attirera une situation meilleure.

Vous devez avoir des buts dans la vie

Il ne s'agit pas ici d'un conseil ou d'une suggestion, mais d'une obligation vitale si vous voulez vraiment être heureux dans la vie. L'être humain est fait pour progresser, pour grandir, pour évoluer. Il doit apprendre chaque jour de nouvelles choses, se fixer des buts et les atteindre.

Vous pouvez comme beaucoup de personnes vous mentir à vous-même et vous dire que vous n'avez besoin de rien ni de personne. Vous pouvez également dire que votre vie va bien et qu'elle vous plait ainsi. Mais il vous manque quelque chose, vous êtes en train de lire ces lignes car malgré ce que vous avez, vous n'êtes pas vraiment heureux.

Vous êtes attaché à vos conditions de vie, à ce que vous avez autour de vous ou à vous et cela contribue à vous sentir mentalement bien à certains moments.

Mais souvenez-vous que si vous ne continuez pas à avancer vous commencerez à reculer.

Il ne suffit pas de faire "bien"

Vous ne devez pas vous contentez d'être un bon conjoint, un bon employer ou un bon parent. Vous devez sans cesse faire fonctionner votre cerveau dans le but de devenir encore meilleur.

En cherchant juste à être quelqu'un de bon, en cherchant à faire les choses comme elles doivent être faites, vous n'obtiendrez que des résultats moyens. Ce n'est pas en essayant d'être bon que vous puiserez en vous l'énergie de la vie qui vous rendra attirant et heureux.

C'est au contraire en plaçant la barre plus haute, c'est en cherchant à être le meilleur employé, le meilleur conjoint, le meilleur parent, que vous vous connecterez à vos ressources intérieures. C'est de cette manière que vous amènerez la passion dans votre vie, que vous dépasserez la routine et la lassitude.

Une personne qui a des buts élevés et structurés est animée d'une énergie différente. Elle est dans une démarche intérieure qui la connecte avec l'énergie de la vie, l'énergie des gens, l'énergie de chaque chose.

Elle sort de sa zone de confort, elle sort des habitudes pour se dépasser et c'est ainsi qu'elle obtient les nourritures intérieures dont nous avons tout besoin.

La routine, l'absence d'objectifs véritables et l'inaction, atrophient peu à peu vos sens et vos perceptions et la vie s'éloigne peu à peu de vous.

Être heureux c'est savoir vous connecter chaque jour à l'énergie de la vie et mobiliser vos ressources intérieures. Pour cela vous devez avoir des buts et vous engager au quotidien à les atteindre, il n'y a pas d'autre solution.

'But ce qui ne *grandit pas meurt"*

Lorsque je parle de mort, il n'est pas uniquement question de mort physique. La plupart des gens meurent à 25 ans et on les enterre 50 ans plus tard...

Résumé de la clé du bonheur n°1
"Ayez des buts dans la vie"

- Vous devez avoir des buts clairement définis dans la vie
- Pour être heureux, vous devez progresser régulièrement et d'une manière mesurable
- Si vous ne progressez pas, vous régresserez
- Vous ne pouvez pas vous contenter d'une vie routinière
- Tout ce qui ne grandit pas meurt.

- C'est en vous fixant des buts et en cherchant à les atteindre que trouverez en vous tout ce que vous avez besoin pour être heureux.
- Il est ne suffit pas d'être bon pour être heureux, il faut être excellent.

Mardi: clé n°2
"Acceptez et aimez ce qui vous entoure"

Votre deuxième clé du bonheur est à étudier chaque mardi. Lisez ce chapitre jusqu'à vous en imprégner totalement. Les idées qu'il contient doivent devenir une nouvelle manière d'être et non pas seulement des idées intéressantes intellectuellement. Soyez ouvert au changement et à tout ce qui est différent de la manière actuelle dont vous percevez les choses et la vie. Dans ces différences, avec lesquelles vous pouvez ne pas être d'accord au début, résident la clé de votre bonheur de demain. Souvenez-vous que si vous pensez toujours de la même manière, vous agirez toujours de la même manière également et votre vie sera toujours la même.

Vous n'avez pas besoin d'être aimé

Contrairement à une idée répandue, vous n'avez pas un besoin viscéral d'être aimé mais un besoin d'aimer, ce qui est différent.

La raison pour laquelle les gens cherchent à être aimé c'est qu'inconsciemment ils se disent que lorsqu'ils seront aimés ils pourront à leur tour aimer, mais ce n'est pas vraiment comme cela que les choses se passent.

Réfléchissez-vous un instant, quelle importance qu'une personne vous aime si vous vous ne l'aimez pas? Quel bien-être intérieur pouvez-vous retirer à être aimé par une personne que vous n'aimez pas et qui ne vous plait pas?

Peut-être une petite satisfaction intellectuelle, l'impression d'être plus ou moins important, mais cela reste intellectuel et n'a rien à voir avec le vrai bonheur intérieur.

Retenez bien ceci : en cherchant à être aimé vous faites fausse route et ne pourrez trouver le bonheur tel que vous l'imaginez.

Vous pouvez aimer sans être aimé

Vous n'avez pas besoin d'être aimé pour aimer à votre tour. L'amour est un état intérieur dans lequel vous vous sentez et pour vous sentir dans cet état, vous n'avez besoin de rien ni de personne.

Ce que vous venez de lire vous paraît peut-être difficile à accepter, mais pourtant c'est la clé principale qui vous conduira à plus de bonheur dans votre vie.

Vous pouvez décider dans un instant d'être follement amoureux de la première personne que vous croiserez dans la rue, qu'est-ce qui peut vous en empêcher?

Un ensemble d'idées qui vous traverseront la tête à ce moment-là probablement. Des règles qui vous sont propres sur les critères extérieurs ou intérieurs qui doivent être présent pour que vous aimiez cette personne.

Mais en vérité il n'en est rien, l'amour est une sensation intérieure, pas une idée intellectuelle. Vous n'aimez pas avec votre tête mais avec votre coeur.

Comprenez bien que je ne parle pas ici des aspects comme l'engagement, les affinités culturelles, sociales, et un ensemble d'autres aspects qui font que deux personnes peuvent vivre ensemble et bien s'entendre sur le long terme.

Je parle uniquement d'un ressenti intérieur, d'un état d'être à un instant précis, de l'ouverture que vous pouvez avoir à une autre personne à un moment précis.

Vous êtes amoureux de l'amour

Ce qui suit va peut-être vous surprendre, mais vous n'êtes pas amoureux d'une personne en particulier, vous êtes amoureux de l'amour, c'est différent.

Lorsque vous êtes amoureux d'une personne, vous sentez une sensation intérieure, et c'est cette sensation l'amour. L'autre personne vous a servi d'excuse pour vous mettre dans cet état, mais ce n'est pas elle qui compte vraiment, mais l'état.

Si vous étiez amoureux de cette personne cela durerait toute la vie, mais vous savez que ce n'est pas toujours le cas. Le jour où vous ne sentirez plus rien intérieurement en côtoyant cette personne vous la quitterez.

Vous n'êtes pas attaché à la personne, mais à la sensation intérieure. Lorsque la sensation n'est plus là vous allez la chercher ailleurs.

Comprenez bien ceci, c'est d'une importance capitale: vous n'êtes pas amoureux d'une personne, mais vous êtes amoureux de l'amour.

Lorsque vous vous séparez d'une personne dont vous étiez très amoureux, vous avez au début l'impression que votre vie ne sera plus jamais la même, que jamais vous ne retrouverez ces sensations auxquelles vous étiez attachées et quelques mois ou quelques années plus tard vous êtes à nouveau amoureux de quelqu'un d'autre et parfois beaucoup plus.

Les personnes dont vous êtes amoureux sont différentes mais la sensation intérieure d'amour en vous est la même.

L'amour n'est pas la dépendance

Il est ici question d'amour, d'une sensation de bien être intérieur, pas d'une quelconque sensation de dépendance que la plupart des gens prennent pour de l'amour.

Aimer c'est vous sentir d'une certaine manière intérieurement, un état particulier, rien de plus. Les aspects affinités par rapport à l'autre personne n'entrent pas en considération. En théorie vous pourriez aimer n'importe qui si vous n'aviez pas de freins et limites mentales.

Aimer n'engage rien

Dans ce chapitre, les choses sont peut-être expliquées d'une manière simpliste mais c'est ainsi que l'amour est, il est simple. Ce qui est compliqué c'est tout ce que l'on met autour.

Aimer n'engage à rien, pour le montrer prenons un exemple: imaginez qu'en sortant de chez vous, vous croisiez une personne que vous ne connaissez pas, qu'est-ce qui vous empêche de l'aimer? De l'aimer d'un vrai amour et de tout votre coeur?

Imaginons qu'en croisant cette personne vous vous sentiez subitement amoureux, à quoi cela vous engage-t-il par rapport à elle ? A rien

Vous pouvez l'aimer et ne même pas lui adresser la parole, vous n'avez aucun engagement par rapport à elle, vous n'êtes même pas obligé de la revoir au-delà des quelques secondes pendant lesquelles elle croisera votre chemin.

Comprenez bien que, encore une fois, l'état intérieur dans lequel vous vous sentez lorsque vous êtes amoureux n'a rien à voir avec un quelconque engagement.

Ce qui engage c'est la dépendance, le fait d'avoir besoin de l'autre personne, d'avoir l'impression que vous ne pourrez pas vivre sans elle.

Mais la sensation d'amour n'est pas liée à l'autre personne, elle est en vous et vous pouvez la vivre en silence.

Aimez chaque personne
Qu'est-ce qui vous empêche de vous sentir amoureux et de regarder chaque personne que vous croisez avec un regard d'amour, en sentant vraiment en vous une sensation particulière à son égard, comme si elle était la personne que vous aimiez le plus au monde?

Rien ne vous en empêche en fait, absolument rien. Mais vous avez l'impression que votre amour est peut-être réservé à une seule personne, à une personne qui encore une fois correspond à certains critères.
Pourtant aimer quelqu'un ce n'est pas penser à cette personne à chaque instant lorsqu'elle n'est pas là, c'est simplement la regarder et vous sentir d'une certaine manière lorsqu'elle est là.

Développez votre muscle de l'amour
Pouvoir sentir en vous cette sensation intérieure qu'est l'amour n'est pas dans un premier temps quelque chose de simple. Surtout si vous avez mis tout un ensemble de critères en place pour vous empêcher d'aimer tous ceux qui n'y répondent pas.
Votre capacité à aimer est comme un muscle qui doit être développé jour après jour, à chaque instant du quotidien.
Pour vous entraîner, retrouvez mentalement un moment de votre vie où vous avez été très amoureux de quelqu'un. Un moment où vous sentiez en vous cette sensation particulière qui fait que vous saviez que vous êtes amoureux, que vous le sentiez dans tout votre corps, dans chacune de vos cellules.
Lorsque vous avez retrouvé cet instant, vivez-le intensément en vous, laissez les sensations corporelles, le ressenti intérieur venir.
C'est un peu comme un magnétoscope, vous pouvez retrouver en vous chaque instant que vous avez vécu si vous vous y autorisez. Pour cela vous devez non pas uniquement y penser, mais également retrouver les sensations en vous.
Lorsque vous sentez que vous êtes dans cet état de bien être, cet état émotionnellement fort, regardez quelqu'un en imaginant que vous lui transmettez tout le bonheur qui est en vous à cet instant, imaginez qu'à travers vos yeux et ce qui se dégage de vous il pourra ressentir également un bien être intérieur ou une sensation d'amour.
Entraînez-vous à regarder ainsi chaque personne que vous croisez. Avec un regard d'amour et en sentant une profonde sensation pour cette personne.
Notez bien que cela n'a rien à voir avec un désir physique pour l'autre, une quelconque attente ou une envie de le revoir un autre jour. Non, vous aimez juste cette personne à cet instant précis, et l'aimerez chaque fois que vous la reverrez.
Si vous êtes marié, faire cela ne sera pas tromper la personne avec qui vous êtes, il n'y a aucun désir dans cet état, c'est juste de l'amour. Rappelez-vous que cela ne vous engage à rien, et que ce n'est pas parce que vous aimez une personne qu'elle va venir vous embrasser ou s'imaginer des choses.

En l'aimant, vous la reconnaissez en tant qu'être humain, vous la rendez vivante, lui montrez qu'elle existe.

En l'aimant, vous donnez une dimension différente à cet instant, vous le rendez plus intense. Vous véhiculez une énergie différente de celle d'une personne qui ne penserait qu'à se plaindre ou à critiquer les autres par exemple.

Aimez chaque personne que vous croisez dans votre journée, regardez là comme si elle était la personne la plus importante au monde, sentez en vous toute l'énergie positive et magique que vous pouvez ressentir lorsque vous êtes profondément amoureux de quelqu'un.

Votre amour ne doit pas être limité à une seule personne, votre désir d'intimité peut-être, votre envie de partager des moments privilégiés aussi, mais pas les moments d'amour pur, désintéressés.

Aimez chaque objet

De la même manière que vous aimez chaque personne, aimez également chaque objet, chaque événement, quel qu'il soit.

Chaque objet est composé d'atomes, il est vivant. Même une pierre qui est en apparence inerte contient une vie en elle.

De la même manière que vous pouvez quelques fois vous émerveiller de la beauté d'un objet ou d'un paysage, autorisez-vous à ressentir cette sensation envers tout ce qui vous entoure.

Lorsque vous avez quelques minutes de libre, choisissez un objet autour de vous et aimez-le. Il n'est pas nécessaire de le toucher, il s'agit juste de vous mettre dans une attitude intérieure spéciale et de le regarder comme vous regarderiez quelqu'un que vous aimez profondément, de ressentir en vous ce que vous ressentiriez en présence de cette personne.

Il est évident que tout cela est probablement à l'opposé de ce que vous connaissez, croyez ou faites dans votre vie de tous les jours. N'essayez pas de savoir si ce que vous lisez est vrai ou faux, mais faites-le. Faites-le chaque semaine, sans vous poser de question, le seul risque que vous prenez est celui d'apprendre à être plus heureux et à vous sentir mieux.

Certaines choses ne peuvent être comprises que lorsqu'on les vit intérieurement, c'est le cas pour ce que vous venez de lire. Intellectuellement vous avez peut-être en partie compris, mais ce qui compte vraiment c'est que vous les viviez intérieurement. Alors relisez et relisez encore ce chapitre, jusqu'à ce que chaque mot pénètre profondément en vous et change votre manière de faire et d'être, automatiquement, sans aucun effort de votre part, comme si votre ordinateur intérieur s'était reprogrammé.

Aimez chaque situation, aimez tout ce que la vie vous fait vivre

L'attitude intérieure qui consiste à aimer les gens qui vous entourent et que vous croisez, à aimer tout ce qu'il y a autour de vous un peu comme étant enfant, vous pouviez ressentir cette sensation d'amour pour certains objets vous appartenant est également valable pour toutes les situations que vous vivez.

Tout ce que vous vivez a été décidé par votre ordinateur intérieur qui organise les événements pour vous aider à progresser dans la vie et par l'énergie de la vie elle-même. Chaque chose que vous vivez agréable ou désagréable a donc une raison d'être logique, même si elle vous échappe pour l'instant.

C'est en aimant la vie et tout ce qu'elle crée que vous l'encouragerez à vous aider encore davantage.

Pourquoi aimer?

C'est l'état d'amour qui vous permet de dépasser vos limites, vos peurs et vos doutes. Lorsque vous êtes vraiment amoureux, vous sortez de votre "zone de confort" et vous connectez à votre véritable potentiel intérieur.

Lorsque vous êtes amoureux les choses vous paraissent plus simples, plus faciles. Il se dégage quelque chose de mystérieux de vous qui agit littéralement sur les autres et les attire vers vous.

Ils sentent inconsciemment que vous avez quelque chose de différent, ils recherchent votre compagnie parce que la vitalité et le rayonnement que vous avez leur plait et qu'ils ont envie d'être comme vous.

L'énergie de l'amour est la force la plus puissante de l'univers

Lorsque vous avez suffisamment développé votre "muscle de l'amour", vous êtes en contact avec une énergie qui peut accomplir des miracles, une énergie qui a tout créé et pour qui rien n'est impossible.

Augmentez chaque semaine l'amour inconditionnel qu'il y a en vous, faites le partager avec les autres et avec ce qui vous entoure, juste en étant dans cet état, comme s'il était contagieux et que vous n'aviez rien d'autre à faire que de sentir l'amour en vous.

Soyez comme un soleil qui rayonne sans rien ne demander à personne, il réchauffe de sa douce chaleur tous ceux qui le souhaitent et ne demande rien en retour.

Sentez-vous de plus en plus intensément dans cet état particulier qu'est l'état amoureux et votre vie toute entière va changer, beaucoup plus que vous ne pouvez l'imaginer consciemment à cet instant.

Résumé de la clé du bonheur n°2
"Acceptez et aimez ce qui vous entoure"

- Votre véritable besoin n'est pas d'être aimé, mais d'aimer
- Vous pouvez aimer sans être aimé
- L'amour est une sensation intérieure qui n'a rien à voir avec une quelconque dépendance.
- Aimer ne vous engage à rien
- Vous n'êtes pas amoureux d'une personne, mais amoureux de l'amour
- Aimez chaque objet, chaque situation et toutes les personnes qui vous entourent.
- Développez votre muscle de l'amour et sera en contact avec une énergie qui peut faire des miracles

Mercredi : clé n°3
"Vous n'êtes pas vos pensées"

Voici votre troisième clé vers le bonheur. Comme les précédentes, elle est à étudier chaque semaine jusqu'à ce qu'elle devienne une nouvelle manière de penser et d'agir pour vous.

Souvenez-vous que tout ce que vous lisez dans ce livre doit être appliqué si vous voulez que la qualité de votre vie change. Si vous vous contentez de stocker de l'information votre vie restera la même car ce sont les actions concrètes qui apportent des changements concrets, les pensées seules ne changent rien.

La prise de conscience

Il y a deux parties différentes qui se côtoient en vous et que vous devez absolument comprendre et savoir reconnaître si vous voulez progresser sur votre chemin vers le bonheur.

Le bonheur passe par une prise de conscience de comment vous fonctionnez intérieurement. Cette prise de conscience vous permettra de mettre à jour les schémas intérieurs que vous avez, qui ne sont pas compatibles avec une vie heureuse et donc de les changer.

Votre mental et votre être intérieur

Les deux parties qui se côtoient en vous de manière pratiquement invisibles, si vous n'avez pas les clés pour les reconnaître, sont votre mental et votre être intérieur.

Votre mental, c'est la partie de vous qui pense. Cela regroupe toutes les pensées et idées qui vous traversent l'esprit et également la petite voix qui, tout au long de la journée, commente ce que vous faites ou pensez et vous donne son avis.

Cette petite voix peut vous conditionner positivement ou négativement suivant les situations, elle a le pouvoir de vous motiver ou de vous démotiver, de vous rendre optimiste ou pessimiste.

A certains moments, vous n'avez pas conscience de ce qu'elle vous dit, et pourtant elle est toujours là et parle continuellement.

Les gens ont plus moins conscience de ce dialogue intérieur, certains ne se rendent même pas compte que la voix de leur mental leur parle et ils laissent cette voix leur dire ce qu'ils doivent faire, penser ou comment ils doivent se sentir.

La deuxième partie de vous, c'est votre être intérieur. Votre être intérieur, c'est ce que vous êtes vraiment, c'est ce que vous désignez en vous montrant le centre de la poitrine avec votre doigt, lorsque vous dites "JE".

Si vous vous montrez du doigt en disant "Je m'appelle Robert", vous allez désigner le centre de votre poitrine votre plexus solaire et non pas votre tête.

Votre être intérieur est ce que vous êtes réellement au-delà de vos pensées. Vous n'existez pas par rapport à ce que vous dites, mais par rapport à ce qui se dégage de vous.

Les animaux n'ont pas de mental et ils existent quand même. Ils ne pensent pas, ne réfléchissent pas et pourtant ils existent.

Les plantes n'ont pas de mental et elles existent malgré tout également. Elles sont capables de grandir, de se nourrir et vivre leur vie entière sans penser.

Lorsque vous dormez, vous ne pensez pas, et pourtant votre corps est en vie et continue d'exister. Au cours de la journée, vous ne pensez pas au fait que vous respirez ou que votre sang circule mais pourtant cela se fait sans recours à vos pensées.

Le mental est une fonction

Penser est une fonction de ce que vous êtes. Un peu comme la vue est une fonction qui sert à voir, l'ouie une fonction qui sert à entendre, le mental est une fonction qui sert à penser.

De la même manière que ce que vous êtes n'est pas limité à vos yeux et à votre vue, ce que vous êtes n'est pas non plus limité à votre mental et à vos pensées.

Arrêtez de vous identifier vos pensées

L'obstacle principal à votre bonheur est que vous laissez votre mental vous contrôler, c'est à dire que lorsque la petite voix vous parle dans votre tête, vous écoutez ce qu'elle dit sans être conscient que cette voix ce n'est pas vous.

L'illustration de cet exemple est la personne qui doit assister à une réunion importante le lendemain et qui se laisse convaincre par sa voix intérieure que cela va mal se passer. Elle écoute de manière totalement impuissante une succession d'arguments, plus stupides les uns que les autres ou sans aucun fondement véritable, et croit ce qui se dit en elle.

Ne vous êtes-vous jamais surpris à vous conditionner négativement sur l'issue d'une situation? N'avez-vous jamais entendu une voix en vous qui vous disait que vous alliez échouer, que vous n'étiez pas capable ou que cela ne fonctionnerait pas comme vous l'imaginiez?

Certes il y a une voix qui parle en vous, la voix de votre mental, c'est tout à fait normal rassurez-vous, mais rien ne vous force à croire cette voix, surtout lorsqu'elle raconte n'importe quoi!

Votre mental est un menteur

Le problème avec la voix qui vous parle en vous, c'est qu'elle est une menteuse. Votre mental véhicule toutes vos peurs et vos appréhensions et perçoit le monde extérieur à travers les filtres de ces mêmes peurs et appréhensions.

Il cherchera à utiliser ce qui vous est arrivé dans le passé pour vous faire croire que le futur se passera de la même manière, ce qui est entièrement faux.

Il utilisera vos faiblesses pour vous faire douter de vos capacités à réussir de nouvelles choses. Pour certaines personnes, leur voix intérieure est le prolongement de la voix de leurs parents qui enfant leur disaient qu'ils n'arriveraient pas à faire ceci ou cela.

Lorsque vous pensez, vous ne vivez pas

Le plus grand obstacle à votre bonheur est dans cette phrase : lorsque vous pensez, vous ne vivez pas.

Si vous vous promenez dans un très joli parc qui entoure un merveilleux lac et que vous êtes totalement absorbé par vos pensées, occupé à imaginer comment va se passer votre réunion de demain ou à essayer de comprendre pourquoi votre conjoint vous a parlé d'une certaine manière, il y a quelques heures, vous ne serez pas vraiment présent à ce qui se passe autour de vous pendant cette promenade.

Vous pourriez être dans le plus merveilleux des endroits, cela n'aurait aucun impact positif sur vous si vous êtes pris dans vos pensées, dans les méandres de votre mental.

Comprenez bien que tous les bienfaits de cette promenade vous échappent parce que vous êtes ailleurs en pensées. Au lieu de revenir chez vous totalement régénéré par ce contact exceptionnel avec la nature, vous aurez l'impression de ne pas être sorti.

Lorsque vous êtes pris dans vos pensées, vous ne profitez pas de ce qui vous entoure.

Si vous passez une soirée intime avec la personne que vous aimez ce sera la même chose, pour pouvoir établir un lien profond avec elle vous devrez absolument vous libérer de vos pensées et apprécier totalement l'instant présent.

C'est de vivre l'instant présent qui vous rend heureux

C'est dans la qualité de votre présence, c'est-à-dire de votre capacité à être présent dans ce que vous faites que vous pouvez accéder à quelque chose qui vous rendra heureux.

Par exemple, lorsque vous êtes dans la nature, si vous êtes présent à la situation que vous vivez, si vous êtes intensément conscient de la beauté de ce qui vous entoure, en connexion avec l'énergie de la nature, vous vous sentez régénéré, rempli d'une douce sensation de bien être.

Si vous êtes en présence de quelqu'un c'est la même chose, en étant présent à ce qu'il dit, en l'écoutant attentivement sans analyser ou vous projeter dans le futur ou le passé pendant qu'il s'exprime, vous captez des sensations venant de cette personne, vous sentez sa présence et un lien beaucoup plus profond est établi.

La présence nourrit votre être intérieur

Votre mental à besoin de nourritures intellectuelles (ce que vous apprenez), votre corps de nourritures physiques (ce que vous mangez et buvez) et votre être intérieur de nourritures émotionnelles, d'un vécu sensoriel.

Si votre être intérieur n'est pas nourri, vous ne pourrez pas être heureux, vous devez donc apprendre à relâcher votre mental à certains moments de la journée pour vivre pleinement les choses au lieu de les penser   .

Votre vrai but dans la vie est de vous sentir bien

Dans tout ce que vous faites ou essayer de faire dans la vie, votre but est de vous sentir bien. Quoi que vous fassiez c'est pour cette unique raison : vous sentir bien. Comprenez bien cela. Si vous voulez une nouvelle maison c'est parce que vous imaginez que cela vous permettra de vous sentir bien ou mieux dans votre vie. C'est la même chose si vous cherchez quelqu'un pour vivre avec vous, si vous faites des enfants, achetez une voiture ou quoi que ce soit.

En surface, les choses ne paraîtront pas aussi simples et vous direz peut-être que si vous voulez cette nouvelle voiture c'est pour pouvoir aller au travail plus facilement, mais en creusant vous vous rendrez compte que tout ce que vous cherchez à faire ou à avoir est uniquement conditionné par le mieux être et la satisfaction personnelle.

Même lorsque vous donnez de l'argent à un mendiant dans la rue c'est parce que vous savez que vous allez être satisfait du geste que vous venez de faire et donc que cela contribuera à vous sentir bien.

Sentez-vous bien MAINTENANT

Maintenant que vous savez que votre seul et unique but est de vous sentir bien, vous pouvez l'atteindre maintenant, sans aucune raison extérieure.

Vous pouvez vous sentir bien à chaque instant en apprenant à relâcher votre mental, à ne pas écouter ce qu'il vous dit à certains moments et surtout en vous connectant à l'instant présent, en vivant intensément ce qui se passe autour de vous et en vous à chaque instant.

En procédant de cette manière vous ne serez plus dépendant des circonstances extérieures et des gens qui vous entourent pour vous sentir bien. Vous n'aurez pas besoin que tel ou tel critère soit présent pour vous autoriser à vous connecter à l'énergie de la vie contenue dans l'instant présent.

Un autre point important est que bien souvent vous imaginez que faire telle ou telle chose vous permettra de vous sentir mieux et lorsque vous obtenez cette chose, vous constatez que la sensation de bien être ou de mieux être ne dure qu'un instant parfois très court.

En vous sentant bien dès maintenant vous ne risquez plus d'être déçu par les circonstances extérieures ou par les attitudes des autres car vous n'aurez pas d'attente par rapport à cela.

Vous ne serez plus dépendant du monde extérieur et votre vie prendra une dimension totalement différente, comme si elle prenait du relief, comme si elle devenait plus vibrante.

Résumé de la clé du bonheur 03
"Vous n'êtes pas vos pensées"
- Il y a deux parties en vous: la partie qui pense et la partie qui ressent les choses, qui les vit. Vous devez savoir les reconnaître et les différencier
- Arrêtez de vous identifier à vos pensées
- Le mental est une fonction de votre organisme, ce n'est pas vous.
- Lorsque vous pensez les choses, vous ne les vivez pas.
- Le bonheur est quelque chose qui se vit, pas quelque chose qui se pense.
- C'est de vivre l'instant présent qui vous rend heureux
- Libérez-vous de la pensée car elle vous ment

Jeudi: clé n°4
"Vous n'êtes pas vos conditions de vie"
Comme pour les autres clés du bonheur, cette quatrième clé est à étudier pendant une journée chaque semaine, jusqu'à ce qu'elle s'imprègne profondément en vous et change votre manière de percevoir les choses.

Souvenez-vous que ce n'est pas parce que vous comprenez intellectuellement ce que vous lisez que l'objectif est atteint. Bien au contraire, en lisant vous prenez conscience du travail que vous avez à faire pour assimiler parfaitement cette clé Tout reste à faire.

Pourquoi vous sentez-vous mal?
Bien souvent lorsque les choses se passent bien dans leur vie, les gens se sentent bien, et lorsque des difficultés arrivent, ils se sentent mal.

Regardez autour de vous, combien de personnes se laissent gâcher une sensation de bien être intérieur parce qu'ils viennent d'avoir une contravention, parce qu'il pleut, parce que quelqu'un vient de les injurier au volant ou parce que leur équipe de football favorite vient de perdre un match capital?

Qui a dit que lorsque quelque chose de désagréable vous arrive vous deviez vous sentir mal?

Votre conjoint vient de vous quitter? Et alors? À quoi cela sert-il de vous sentir mal? Vous pensez que cela va le faire revenir?

Vous venez de perdre vos papiers, pensez-vous qu'en vous énervant ils vont réapparaître?

Vous avez crevé un pneu de votre voiture, quel est l'intérêt d'être énervé ou en

colère? Le pneu va-t-il se réparer tout seul ?
Vous êtes en retard pour aller à un rendez-vous important, croyez-vous que les autres automobilistes vont tous se garer sur le côté parce que vous êtes pressé et hurlez derrière votre volant?

Vous n'avez plus assez d'argent pour finir le mois, est-ce que le fait de vous morfondre va changer quelque chose? Vous croyez que les petits lutins vont vous amener de l'argent pendant la nuit?
Vous venez d'être licencié, vous pensez que votre patron va vous reprendre juste parce que vous avez envie de vous taper la tête contre les murs?

Sentez-vous bien même si tout va mal!
Pourquoi ne pas vous sentir bien même si quelque chose ne va pas? Pourquoi ne pas décider d'être heureux même si on vous retire des points sur votre permis de conduire, ou si votre poisson rouge meure ou si vous cassez votre assiette préférée? Pourquoi?
Qu'est-ce qui pourrait se passer si vous ne vous énerviez pas si quelqu'un vous insulte, si votre conjoint vous trompait ou si vos vacances tombaient à l'eau?
Qui a dit que vous deviez vous sentir mal lorsque quelque chose va mal? Qui a dit que les circonstances extérieures ou les autres avaient le droit de décider pour vous comment vous deviez vous sentir?
Qui c'est le chef? Qui décide de votre vie? C'est VOUS.
Rien, absolument rien ne vous force à réagir négativement à un événement que vous jugez négatif.

Vous avez chaque jour des milliers de raisons de vous sentir mal ou en colère
Vous n'êtes pas seul au monde, vous évoluez au milieu des autres et les interactions que vous avez avec eux sont nombreuses chaque jour. Vous avez potentiellement des millions d'occasions d'être frustré ou de vous énerver chaque jour, des millions. Imaginez que vous êtes à la merci totale des autres et que vous croisez les doigts inconsciemment à chaque instant pour rien ne vous arrive qui ne vous conviendrait pas. Est-ce que vous êtes conscient que la moindre petite chose extérieure peut instantanément changer la manière dont vous vous sentez?
Au-delà de vos interactions avec les autres, il y a aussi les circonstances de vie, les événements qui peuvent vous affecter et menacer votre équilibre intérieur.
Est-ce que vous imaginez dans quel état de stress vivent les gens qui sont dépendants de ce qui leur arrive dans leur vie?

Ils n'en sont pas toujours conscients, c'est peut-être votre cas, ils pensent que tout ceci ne les affecte pas, mais étonnamment ils sont angoissés, stressés et ont la sensation de ne pas être heureux.

Pour être heureux ne soyez pas dépendant de vos circonstances de vie
Quel que soit ce qui vous arrive au quotidien décide que cela n'influencera pas votre bien être intérieur ni votre calme.

Ne devenez pas dépendant des bonnes choses car cela veut dire qu'elles ont le pouvoir de vous rendre malheureux lorsqu'elles ne sont pas là.

Si vous êtes trop dépendant d'une personne cela veut dire que vous serez malheureux si elle n'est pas là. Si vous avez besoin que l'on vous sourit ou vous complimente tout en long de la journée c'est la même chose, vous devenez dépendant de cela et vous sentirez mal si vous ne l'avez pas.

Si vous comptez sur les fêtes et grandes occasions pour vous sentir bien cela veut dire qu'implicitement vous vous programmez pour vous sentir mal quand il n'y a rien à fêter.

Tout ce que vous recherchez pour atteindre un état de bien être vous conditionne à vous sentir mal si vous ne l'avez pas.

Vous avez besoin que votre conjoint vous embrasse et soit de bonne humeur lorsque vous rentrez du travail ? Vous vous programmez donc pour vous sentir mal si ces conditions ne sont pas réunies.

Vous avez énormément de règles pour vous sentir malheureux

Vous avez énormément de règles pour vous sentir malheureux et très peu pour vous sentir heureux. C'est le cas de la majorité des gens.

Pour qu'une journée se passe bien il est nécessaire que tout un ensemble de choses soient présentes et se passent comme vous l'avez décidé, mais si un feu passe au rouge au moment où vous arrivez, si quelqu'un n'est pas d'accord avec vous et les événements ne se passent pas comme vous l'avez décidé, vous serez perturbé.

La moindre chose peut vous perturber et changer votre manière de vous sentir, vous êtes comme un navire sans gouvernail ballotté par la force des vagues et projeté tantôt sur la rive du "Je me sens bien" et tantôt sur la rive du "Je me sens mal" sans pouvoir faire quoi que ce soit pour que cela change.

Cette situation est génératrice d'un stress considérable et ne vous permet pas d'être heureux, tout au plus vous avez accès à de brèves sensations de "mieux être" qui ne dure qu'un instant et que vous regardez partir de la même façon qu'elles sont venues.

Pourquoi vous sentez-vous mal?

Pourquoi réagissez-vous de manière négative à ce qui vous contrarie ? À votre avis?

Vous trouverez sûrement la réponse en remontant à votre enfance, à l'époque où vous avez appris que si vous pleuriez ou montriez des signes d'insatisfaction, vos parents ou vos proches allaient vous donner de l'attention et répondre à vos attentes. N'étant encore qu'un bébé, il vous suffisait de pleurer pour que l'on vous donne ce que vous demandiez. Lorsque quelque chose n'allait pas comme vous le vouliez, en pleurant quelqu'un venait à votre rescousse et résolvait la situation pour vous.

Mais vous n'êtes plus un bébé aujourd'hui, alors cessez de pleurnicher quand les choses ne vous plaisent pas, personne ne viendra à votre rescousse.

Arrêtez de croire que parce que vous êtes frustré, en colère, énervé ou malheureux le petit bon dieu va venir vous aider ou le père noël vous amener un cadeau. Non, la vie ne fonctionne pas ainsi.

En vous sentant mal vous attirez davantage de situations pour vous sentir mal

Lorsque face à une situation qui ne vous convient pas, vous entretenez un état négatif en vous, vous vous conditionnez à attirer encore plus de situations négatives dans votre avenir.

Votre vie, ce qui vous arrive et la façon dont les choses vous arrivent sont conditionnées par une partie de vous qui répond à vos attentes : votre subconscient.

C'est un peu comme si votre subconscient avait pris la place que vos parents avaient lorsque vous étiez enfant: il exauce vos voeux.

Il les exauce, mais à condition de lui demander la bonne manière.

Sentez-vous bien pour programmer votre subconscient de la bonne manière

Votre subconscient est comme un compte en banque, il va recevoir tout ce que vous lui donnez et vous le rendra avec des intérêts.

Si vous lui donnez de la colère, il vous rendra des circonstances de vie qui vous amèneront

encore plus de colère.

Si vous lui donnez de la frustration, il vous rendra encore plus de frustration.

Si vous lui donnez de la joie, il vous rendra encore plus de joie.

Si vous lui donnez de l'amour, il vous rendra encore plus d'amour.

Si vous lui donnez du bonheur, il vous rendra encore plus de bonheur.

Votre subconscient n'a pas la notion du bien et du mal

Le bien et le mal sont des notions intellectuelles qui diffèrent d'une société à une autre, d'une culture à une autre, d'un pays à un autre, d'un individu à l'autre et voir même chez un même individu d'un moment de sa vie à un autre.

Ce que vous jugez positif aujourd'hui vous apparaissait peut-être négatif hier, ou le sera demain.

Votre subconscient ne comprend donc pas ces notions intellectuelles de bien et de mal. Il ne fait pas la différence non plus entre la beauté et la laideur — notion qui change avec le temps aussi - et ne sait pas faire la différence entre ce qui est bien pour vous et ce qui ne l'est pas.

La seule chose que votre subconscient reconnaisse c'est ce qui vous met en danger et ce qui ne vous y met pas.

Vous retrouver à découvert sur votre compte en banque ou licencié de votre travail n'est pas un danger pour lui, le danger est uniquement ce qui est vitalement dangereux pour vous.

Tout ce que vous donnez votre subconscient sera amplifié

Tout ce que vous allez donner à votre subconscient vous sera rendu amplifié, il ne peut en être autrement, c'est une loi mathématique.

Il ne juge pas. Il se contente de vous rendre ce que vous lui donnez avec des intérêts. Toutes les émotions, sensations, ou pensées que vous mettez en vous, vous seront rendues avec des intérêts.

Regardez autour de vous, les gens qui ont l'air heureux semblent avoir plus de chance que les autres et certaines personnes donnent l'impression de n'attirer que des catastrophes dans leur vie.

Vous n'êtes pas vos conditions de vie

Cela veut dire que vous devez vous sentir bien et être heureux même si les choses ne vont pas dans votre vie. Vous devez vous sentir heureux pour des choses simples et non conditionnelles, comme par exemple parce que vous êtes vivant.

Sentez-vous heureux à chaque instant d'être vivant. Sentez-vous heureux de pouvoir voir avec vos yeux, même si ce que vous voyez ne vous convient pas. Sentez-vous heureux de pouvoir entendre, même si ce que vous entendez ne vous convient pas. Sentez-vous heureux que les gens s'adressent à vous, même si ce qu'ils vous disent est négatif, ce sera quand même la preuve que vous existez et sentez-vous heureux de chaque jour qui commence, même si le temps ne vous convient pas.

Résumé de la clé du bonheur 04
'Vous n'êtes pas vos conditions de vie"

- Ce n'est pas parce que les choses vont mal que vous devez vous sentir mal
- Vous pouvez vous sentir bien même si tout va mal
- Vous avez chaque jour des milliers de raisons de vous sentir bien ou de vous sentir mal, apprenez à ne plus être dépendant des circonstances.
- Vous sentir mal ne fera pas changer les choses
- En vous sentant d'une certaine manière vous vous programmez intérieurement pour vous sentir à nouveau de cette même manière.
- Tout ce que vous donnez à votre subconscient sera amplifié
- Sentez-vous dès aujourd'hui comme vous avez envie de vous sentir demain

Vendredi : clé n°5
"Vous n'êtes pas vos comportements"

Voici votre cinquième clé du bonheur. Vous devez l'étudier de la même manière que les clés précédentes jusqu'à ce qu'elle soit intégrée profondément en vous.

Comme chaque clé de ce livre, si vous l'appliquez au quotidien, vous constaterez rapidement un changement de la manière dont vous vous sentez à chaque instant et vous approcherez un peu plus du bonheur que vous recherchez.

Demain n'est pas égal hier

Le premier point de votre clé *n°5* est que demain n'est pas égal à hier. En clair, cela veut dire que ce n'est pas parce qu'une chose s'ait passé d'une certaine manière hier, qu'elle se passera de cette même manière demain.

Cela veut aussi dire que ce n'est pas parce que hier vous avez réagit d'une certaine façon ou n'avez pas pu faire telle ou telle chose qu'il en sera de même demain.

Le futur est totalement indépendant du passé, il n'y a aucune raison que les choses soient identiques.

Ce qui crée un événement spécifique dépend d'un certain nombre de critères, de phénomènes extérieurs et intérieurs qui ne seront jamais tous présents de la même manière deux fois de suite.

Attention ? L'image que vous avez de vous

Ce qui crée une sensation de mal-être dans votre vie, est certains aspects négatifs que vous avez de l'image de vous et que vous entretenez jour après jour sans aucune raison.

Par exemple, un jour, vous avez mal réagi au cours d'une conversation avec une personne du sexe opposé, vous n'avez pas réussi à donner l'image que vous vouliez de vous et depuis, dans chaque situation identique vous pensez que vous allez à nouveau réagir de la même manière.

Nous avons tous une image de nous

Vous avez aujourd'hui une image de vous qui est conditionnée par votre vécu, par vos expériences passées, vos succès et vos échecs.

Que vous en soyez conscient ou pas, cette image que vous avez de vous est présente dans votre esprit et c'est elle qui conditionne la manière que vous aurez d'agir demain, dans certaines situations.

Si vous êtes conscient de certains aspects de cette image, vous êtes totalement inconscient d'autres aspects qui vous dirigent comme un automate.

Que mettez-vous derrière "Je suis"?

Lorsque vous parlez de vous, ou pensez à vous-même, il vous arrive de dire "Je suis comme ceci" ou "Je suis comme cela".

Par exemple, une jeune fille va dire à qui veut l'entendre qu'elle est timide. La phrase qu'elle a à l'esprit est "Je suis timide".

Pour prononcer cette phrase elle se base sur son vécu, sur la manière dont elle a agi dans le passé dans certaines situations et elle se base aussi sur ce que lui ont dit ses proches dans ces mêmes situations.

Ainsi, lorsqu'elle se trouve dans une nouvelle situation, elle va à nouveau agir comme quelqu'un de timide, car c'est l'image qu'elle a d'elle.

Elle est timide, elle ne peut réagir autrement que comme quelqu'un de timide.

Et vous, que mettez-vous couramment derrière "Je suis" ?

Quelles sont les affirmations que vous faites couramment à votre sujet?

- Je suis stupide?
- Je suis bête?
- Je suis nul ?
- Je suis con?
- Je ne sais pas parler avec les autres?
- Je suis quelqu'un qui n'intéresse personne?
- Je n'ai pas de volonté?
- Je suis moche?
- Je suis ennuyant?
- Je suis malheureux?
- Je suis dépendant?
- Je n'ai pas de volonté?
- Je suis triste?
- Je suis seul?
- Je suis fatigant?
- Je suis pauvre?
- Je suis incapable de gérer mon budget?

Ces quelques exemples sont une goutte d'eau dans l'océan des phrases que les gens peuvent se répéter consciemment ou inconsciemment à longueur de journée.

Notez bien que ce que vous dites par rapport à ce que vous pensez de vous, et ce que vous montrez aux autres de votre façon de vous considérer, est quelques fois très subtile et se passe en partie inconsciemment.

Vous n'êtes pas entièrement conscient de ce que vous pensez de vous
Vous n'en êtes pas entièrement conscient, et pourtant cela agit pour programmer votre ordinateur intérieur et agit dans votre interaction avec le monde extérieur.

Vous êtes programmé par votre image
Si d'une manière ou d'une autre, vous avez accepté l'affirmation **"Je** suis stupide" par exemple, cette affirmation vous conditionne au quotidien et le fera probablement jusqu'à la fin de votre vie.
Il y a bien sûr des affirmations, des aspects positifs de l'image de vous que vous avez et ils contribuent à votre bonheur au quotidien, mais les autres aspects contribuent à votre malheur.

Vous n'êtes pas vos comportements
Toutes les affirmations que vous faites par rapport à ce que vous êtes ne sont pas ce que vous êtes mais uniquement des comportements.
Comprenez-vous la différence entre ce que vous êtes et un comportement?
Un comportement est ce que vous faites à un certain moment et il peut être changé, ce que vous êtes est fixe et définitif.
Si, à un certain moment, vous avez agit comme quelqu'un de stupide, cela ne veut pas dire que vous êtes stupide. C'est juste un comportement que vous avez eu, à un certain moment. Même si vous avez eu ce comportement 1000 fois dans le passé, rien ne vous oblige à l'avoir une 1001 fois.
Pour prendre une image, l'image que vous avez de vous, est comme une photo qui a été prise à un moment précis. Par exemple, un jour, vous êtes pris en photo au lever du lit, les cheveux en bataille et la trace de l'oreille sur la joue.
Est-ce que toute votre vie, vous allez ressembler à cette photo? Non

Cette photo de vous est un instant de votre vie, demain vous aurez une autre coupe de cheveux et une meilleure mine. Vous n'êtes pas prisonnier d'un instantanée de vie.
Sur une photo, vous pouvez être habillé en noir et rien ne vous empêche chaque jour de vous habiller d'une autre couleur. Vous pouvez vous habiller en blanc, en bleu, en gris, en rouge ou tout autre couleur.
Lorsque vous êtes prisonnier de vos comportements passés, c'est un peu comme si chaque matin vous regardiez cette photo où vous êtes mal peigné et habillé en noir et que vous vous peigniez chaque jour de cette même manière et vous habilliez de façon identique. Ce serait stupide, n'est-ce pas?

Vous pouvez changer vos comportements
De la même manière que vous pouvez changer votre aspect extérieur et votre manière de vous habiller, vous pouvez également changer vos comportements et votre manière de penser.

Chaque jour est un jour nouveau, vous vous levez comme un enfant qui vient de naître et vous pouvez choisir consciemment tous les aspects de votre vie, comment vous allez agir ou réagir dans certaines situations, comment vous allez vous sentir, ce que vous allez penser et bien d'autres choses.

Prenez un instant pour sentir que même si vos façons de faire ou de penser ont changé au cours de votre vie, même si vous avez grandi, changé d'apparence, de manière de parler ou de vous vêtir, il y a quelque chose en vous qui est constant: **La sensation ce que vous êtes.**

Ressentez cette sensation intérieure de vous-même que vous aviez étant enfant et remarquez qu'aujourd'hui il y a une partie de cette sensation qui est la même : la conscience de ce que vous êtes. Cette conscience de vous est une sensation intérieure dénuée de comportements et c'est la seule chose que vous êtes. Tout le reste n'est que temporaire et illusoire.

Vos comportements sont des illusions du mental

Vous pensez que vous êtes intelligent? Vous pensez que vous êtes stupide? Vous pensez que vous êtes timide? Vous pensez que vous êtes communicatif?

Tout cela n'est qu'une vue de l'esprit, il n'y a aucune stabilité ou fiabilité dans tout cela, vous pouvez vous considérer d'une certaine manière à un moment précis et vous considérer autrement quelques minutes plus tard.

Vous pouvez choisir consciemment vos comportements

Vous n'êtes pas prisonnier de votre passé et vous pouvez agir dans chaque situation de la manière qui convient le mieux si vous le souhaitez.

Un peu comme vous pouvez choisir votre tenue vestimentaire selon ce que vous allez faire dans la journée, vous pouvez choisir votre manière d'agir ou de réagir selon les situations.

En vous connectant au centre de vous-même, à la partie de vous qui est constante depuis votre naissance, vous prenez du recul sur vos pensées et actions et pouvez choisir ce que vous faites ou pensez à chaque instant.

Votre ultime liberté

Vous n'êtes plus en réaction par rapport à la vie, mais devenez proactif. Vous n'êtes plus conditionné par ce qui se passe et par votre passé, mais vous êtes conscient de cette liberté que vous avez d'agir comme vous le désirez à chaque instant.

Entre ce qui se passe autour de vous, dans votre manière de vous sentir et la réponse que vous allez donner avec vos actions et vos pensées, il y a un instant hors du temps, un espace de vide entre l'action et la réaction. Dans cet espace de temps se trouve votre ultime liberté, la seule liberté que l'on ne pourra jamais vous prendre: **LA LIBERTE DE DONNER LA REPONSE QUE VOUS VOULEZ A CHAQUE SITUATION.**

Résumé de la clé du bonheur 05
"Vous n'êtes pas vos comportements"
- Demain n'est pas égal à hier, vous êtes libre du passé.
- L'image que vous avez de vous influence ce qui arrive dans votre vie et comment vous y réagissez. Vous êtes programmé par votre image.
- Vous n'êtes pas vos comportements, vous pouvez les changer et pendre

conscience de qui vous êtes vraiment, au delà de vos comportements.
- Vos comportements sont des illusions de votre mental
- Vous pouvez choisir consciemment comment vous allez réagir à chaque instant.
- Vous pouvez choisir d'adopter la réaction la plus appropriée à chaque situation.
- Votre ultime liberté est de donner la réponse que vous voulez à chaque situation.

Samedi: clé n°6
"Acceptez vos émotions"

Voici encore une clé d'une importance primordiale pour changer la manière dont vous vous sentez dans votre vie de tous les jours.

L'aspect émotionnel de votre vie est ce qui conditionne le plus votre niveau de bonheur intérieur, car comme vous le savez maintenant, le bonheur est une sensation intérieure, il est donc totalement lié à vos émotions, à votre capacité de les sentir et de les accepter.

Dites oui la vie qui vous entoure

Une étape préalable à l'acceptation de vos émotions, est l'acceptation de la vie qui vous entoure.

Pensez à tous les instants où vous n'êtes pas d'accord avec ce qui se passe dans votre vie ou dans la vie des autres. Pensez à ces instants où vous dites NON à la vie.

Pensez à tous ces instants où vous refusez la réalité qui est devant vos yeux, vous disant intérieurement que les choses devraient être autrement.

Pensez à tous ces instants où vous refusez l'attitude des autres, ce qu'ils disent ou font.

Vous devez dire OUI à la vie qui est autour de vous, même si elle ne se passe pas comme vous le voudriez.

Tout ? une bonne raison d'être

Si les choses se passent comme elles se passent c'est qu'il y a une raison, une bonne raison qui fait partie d'une logique globale que vous ne comprenez peut-être pas toujours à votre niveau, avec votre seule perception.

Comprenez bien qu'il ne s'agit pas d'être d'accord avec ce qui ne vous plait pas, mais de reconnaître ce qui est en train de se passer dans le présent. La différence est grande entre ces deux attitudes.

Si votre conjoint vous trompe ou vous quitte, vous n'avez pas à accepter ou être d'accord avec lui, mais vous ne pouvez pas refuser la situation, elle est là et vous devez dire OUI à la vie.

En acceptant les choses vous pourrez plus facilement les changer par la suite.

Lorsque vous dites NON à une partie de la réalité présente, vous dites NON à la vie tout entière. Vous dites NON à l'énergie de la vie et à l'intelligence qui permet de mettre toutes les choses en contact d'une certaine manière.

En disant NON à la vie, vous refusez d'avoir confiance en elle, vous refusez de croire qu'il y a une bonne raison pour chaque chose et vous vous fermez au flux de l'évolution, au flux du changement.

Ayez confiance en la vie

Chaque fois que vous refusez une partie de ce qui se passe en disant non je refuse ce qui arrive vous créez un blocage en vous, vous vous éloignez du courant de la vie et lui dites que vous refusez son aide et ne lui faites pas confiance.

Soyez vraiment conscient que tout a une bonne raison d'être. Pour qu'une personne évolue ou qu'une situation change, il est parfois nécessaire de passer par des phases moins positives ou agréables que la phase actuelle. Le changement et l'évolution intérieure se produisent parfois à travers les difficultés, les obstacles et les échecs.

Même si vous ne comprenez rien à ce qui se passe et n'êtes pas d'accord, ayez en vous un sentiment de remerciement par rapport à la vie. Montrez-lui que vous êtes prêt à tirer une leçon de tout ce qui se présente et que vous lui faites confiance.

Gratitude envers la vie

Développez un sentiment de gratitude envers tout ce qui se passe ou vous arrive. Une gratitude envers la vie, un profond sentiment de reconnaissance.

Cette gratitude doit être inconditionnelle, il s'agit d'une gratitude envers tout ce qui est, car tout ce qui est une manifestation de la vie et de son énergie.

Là où habituellement vous aviez un sentiment de frustration, d'incompréhension, d'injustice ou d'énervement, mettez un sentiment de gratitude.

Cette gratitude fera de la vie votre allié, cela vous libérera de tous les obstacles au bonheur qui sont provoqués par des réactions et sensations inadaptées et par le refus de certaines manifestations de l'énergie créatrice de la vie.

Acceptez tout ce que vous ressentez

Que se passe-t-il lorsque vous ressentez une émotion ou sensation douloureuse? Vous la fuyez et la refusez, n'est-ce pas?

N'avez-vous jamais remarqué que vous disiez non à vos émotions lorsqu'elles ne vous convenaient pas?

Que faites-vous lorsque vous vous sentez angoissé? Vous refusez cette émotion en cherchant à la faire partir, vous lui dites non.

Tout ce que vous ressentez est l'énergie de la vie

En disant non à ce que vous ressentez, vous dites non à la vie, mais vous dites également non à une partie de vous qui voulez vous faire ressentir quelque chose. Si vous n'êtes pas à l'écoute de la totalité de votre être intérieur, vous ne pouvez pas être réellement heureux. En refusant une partie de vous-même, comme une partie de la réalité extérieure d'ailleurs, vous dites non à une partie du bonheur.

Le bonheur c'est être capable d'accepter et de ressentir tout ce qui est, tous les aspects de la réalité des choses.

C'est un peu comme si, chaque fois que vous dites non à quelque chose, vous mettiez un carré noir dans votre champ de vision et qu'à force vous deveniez totalement aveugle.

Chaque fois que vous dites non à quelque chose, vous bloquez une partie de la circulation de l'énergie en vous. C'est cette même énergie qui amène le bonheur dans votre vie, si vous n'en avez pas assez vous ne pourrez pas être heureux.

Acceptez de ressentir les choses

Votre ressenti intérieur est comme un muscle qui se développe. Chaque fois que vous ressentez intensément une sensation, agréable ou désagréable, votre muscle se développe et vous augmentez ainsi votre capacité à ressentir.

Chaque fois que vous refusez de ressentir une sensation, désagréable parce que vous essayez de la fuir ou agréable parce que vous n'êtes pas dans l'instant présent et pas capable de vous réjouir de ce que vous ressentez, vous atrophiez votre muscle de ressentir.

Vivez vos émotions, quelles qu'elles soient

Tout ce que vous vivez, percevez et ressentez est une réalité présente, l'accepter permettra à l'énergie de circuler en vous avec fluidité.

Vos émotions ne sont pas bonnes ou mauvaises, ce sont des émotions un point c'est tout.

Chaque émotion est un contact avec une partie de vous, une partie intérieure qui ne peut s'exprimer autrement, vous devez accepter le contact avec elle.

Les émotions ne font pas mal

Ce qui peut dans certains cas vous faire mal, ce sont les pensées qui sont liées aux émotions, pas les émotions elles-mêmes.

Apprenez-vous à remarquer que chaque émotion que vous ressentez est coupée avec des pensées.

Par exemple, si votre conjoint vient de vous quitter, il se peut que vous ressentiez certaines émotions pas trop agréables et une douleur intérieure. Cette douleur n'est pas liée à ce que vous ressentez à cet instant précis, mais à ce que vous vous dites et à quoi vous êtes en train de penser.

Vous pouvez par exemple imaginer qu'il est avec quelqu'un d'autre, vous dire que vous ne le reverrez plus jamais, vous dire qu'il vous a abandonné ou bien d'autres choses.

Soyez conscient de ce que fait votre mental à cet instant précis où vous ressentez des émotions qui ne vous plaisent pas.

Coupez vos pensées

Coupez vos pensées, les films que vous vous faites, ce que vous êtes en train de vous dire et centrez-vous uniquement sur ce que vous sentez en vous.

Comprenez bien ces deux aspects différents:

1) Ce qui se passe dans votre tête

2) Ce qui se passe à l'intérieur de vous (ce que vous sentez)

En coupant ce qui se passe dans votre tête et en ressentant simplement, en toute simplicité ce que vous ressentez, en l'acceptant pleinement sans mettre une étiquette de bon ou de mauvais dessus, vous vous trouverez transformé.

En coupant vos pensées et en ressentant juste les choses, avec la volonté de les ressentir, comme si c'était un moyen d'entrer davantage en contact avec votre nature profonde, vous remarquerez que chaque sensation est bonne à vivre et prendrez plaisir à la vivre.

Chaque sensation est bonne

Lorsqu' elle est détachée du mental, chaque sensation est bonne à vivre. Chaque sensation est une face de la même énergie et ne peut que vous faire du bien.

Les événements qui se présentent dans votre vie déclenchent des émotions plus ou moins fortes en vous, mais toutes ces émotions ne sont qu'une seule et même émotion: la sensation que vous êtes vivant, la matérialisation de la vie qui est en vous.
Soyez heureux de ressentir les choses, même si elles sont fortes, cela vous connecte profondément à vous-même, à votre être intérieur.

Le bonheur, c'est être en contact avec votre intérieur — la partie de vous qui ressent

Vous ne pouvez pas être heureux si vous n'êtes pas connecté à votre être intérieur. La partie de vous qui ressent la vie.
Être heureux, ce n'est pas uniquement faire des choses agréables dans la vie, mais être en mesure d'apprécier ce que vous faites.
Être heureux, c'est être capable d'apprécier chaque instant de la vie quel qu'il soit et ne pas être dépendant de sensations fortes qui seules peuvent percer la carapace de votre mental si le muscle de votre ressenti n'est pas suffisamment développé.

Résumé de la clé du bonheur n°6
"Acceptez vos émotions"
- Dites Oui à la vie qui vous entoure.
- Tout à une bonne raison d'être, ayant confiance en la vie
- Accepte de ressentir les choses, chaque sensation est bonne si vous coupez les pensées qui viennent avec.
- Vivez vos émotions, quelles qu'elles soient.
- Chaque sensation est bonne et fait partie de vous.
- Acceptez tout ce que vous ressentez, acceptez chaque partie de vous.
- Le bonheur c'est d'être en contact avec la partie de vous qui ressent.
- C'est en ressentant les choses que vous pourrez les comprendre et ensuite les changer, pas en les fuyant ou en les ignorant.

Dimanche: clé 07
"Créez votre réalité"
Voici votre dernière clé du bonheur, elle est le lien entre tout ce que vous avez déjà appris et vous pourrez l'utiliser pleinement lorsque vous aurez intégré en profondeur les clés des jours précédents.
Si intellectuellement vous pouvez comprendre les choses assez facilement, souvenez-vous que pour que cela s'intègre au plus profond de vous il faudra les répéter et les répéter encore. C'est uniquement de cette manière que de nouveaux automatismes se créeront en vous et que votre façon d'être et de faire changera, sans même que vous n'ayez d'effort conscient à faire.

Le monde extérieur est votre miroir

Le monde extérieur, tout ce que vous percevez en dehors de vous est le reflet de ce que vous êtes intérieurement.

La perception de ce que l'on appelle "la *réalité*" est différente pour chaque personne. Personne ne perçoit le monde de la même manière.

Chaque objet, chaque personne, chaque événement est perçu différemment à la lumière de notre passé, de nos croyances, de nos peurs, de notre mental, de ce que l'on a envie de percevoir ou de ne pas percevoir et en fonction d'autres paramètres. Tout ce que vous allez choisir de voir autour de vous est fonction de ce que vous êtes intérieurement.

Vous ne pouvez voir que ce que vous avez en vous

Si vous n'avez pas confiance en vous, si la confiance n'est pas à l'intérieur de vous, vous ne pourrez la percevoir autour de vous, dans votre vie extérieure.

Pour avoir confiance en quelqu'un, ou confiance en une situation, il faut que vous connaissiez cette sensation en vous pour pouvoir la reconnaître lorsqu'elle se présentera.

Connaître une sensation ne veut pas dire la connaître intellectuellement, mais de vivre en soi, au plus profond de votre être, dans chacune de vos cellules.

Si vous ne connaissez pas le vrai Amour, avec un grand A, cette sensation inexplicable mais qui peut tout changer, vous ne pourrez la reconnaître autour de vous, vous ne la percevrez pas même si elle est devant votre nez.

Si vous ne vivez pas la gratitude en vous, vous ne la percevrez pas à l'extérieur de vous. Si vous n'êtes pas capable d'aider les autres d'une manière désintéressée, vous ne le verrez pas autour de vous non plus.

Vous ne pouvez percevoir que ce que vous vivez en vous.

Tout ce que vous percevez est l'image de vous-même

Tout ce que vous voyez, tout ce sur quoi votre cerveau met son attention est le reflet de ce que vous êtes intérieurement.

Cette notion du miroir est quelquefois difficile à accepter intellectuellement, mais à force d'étudier cette clé toutes les semaines vous finirez par l'intégrer profondément en vous et certaines choses vous paraîtront une évidence.

Vous êtes ce que vous détestez le plus

Quels sont les défauts que vous détestez le plus chez les autres? Qu'est-ce qui vous énervez vraiment? Qu'est-ce qui vous révoltez?

Ce que vous détestez le plus chez les autres, c'est ce que vous avez en vous et que vous voulez cacher.

Si vous détestez les personnes intolérantes, les personnes lunatiques, les personnes agressives par exemple, c'est que vous êtes vous-même intolérant, lunatique, agressif.

Cette phrase paraîtra évidente aux personnes qui ont déjà travaillé sur elles et inacceptable pour les autres, et pourtant.... C'est une réalité pour chacun de nous.

Non seulement vous êtes ce que vous détestez le plus chez les autres, mais en plus vous l'attirez dans votre vie.

Vous détestez les personnes malhonnêtes? N'avez-vous jamais remarqué que vous attiriez tout le temps ce type de personnes?

Vous attirez ce que vous craignez le plus

Non seulement vous attirez bien souvent à vous les personnes qui possèdent ce que vous détestez le plus, mais en plus vous attirez également les situations de vie, les événements que vous redoutez le plus.

Votre subconscient crée votre réalité

Toutes les pensées, les idées, les peurs, les craintes que vous avez à l'esprit se concrétisent dans votre vie.

Ce qui vous arrive est fonction de vos réactions et de vos perceptions de chaque instant. A chaque instant vous avez le choix entre des centaines ou des milliers de décisions. Vous n'en êtes pas toujours conscient mais c'est le cas.

En traversant une rue vous pouvez choisir d'aller parler avec certaines personnes et pas avec d'autres, vous pouvez choisir de regarder certaines vitrines de magasins et pas d'autres. A chaque instant votre cerveau perçoit des millions de stimulations extérieures qu'il va filtrer en suivant les directives de votre subconscient.

La simple perception d'une chose en apparence banale peut vous faire penser à une autre par association d'idée et à une autre et encore une autre.

Le moindre événement peut vous donner une bride de réponse à une question que vous vous posiez.

Votre subconscient crée donc la réalité que vous percevez et comment vous y réagissez en fonction de comment vous l'avez programmé.

Sachez programmer votre subconscient

Tout ce que vous placez dans vos pensées va programmer votre subconscient qui tel un compte en banque va vous rendre ce que vous placez en lui avec des intérêts. Si vous êtes frustré intérieurement, cela va influencer votre subconscient qui va créer des circonstances de vie encore plus frustrantes pour vous. Pour cela, il choisira ce sur quoi vous allez placer votre attention à chaque instant, ce que vous allez choisir de voir chez les autres, et les événements qui vous arrivent, pour augmenter encore cette frustration.

Vous pensez que vous êtes pauvre et avez besoin de plus d'argent pour payer vos factures? A quoi pensez-vous le plus? Comment programmez-vous votre subconscient? Quelles sont les pensées que vous placez en lui ?

N'entretenez-vous pas cette pensée de pauvreté en cherchant les prix les moins chers dans les magasins? N'avez-vous pas continuellement à l'esprit le peu d'argent qu'il y a sur votre compte en banque?

Prenez conscience de ce à quoi vous pensez, prenez conscience de comment certaines de vos pensées et de vos actions sont responsables de la vie que vous avez aujourd'hui.

Créez votre propre réalité

Pour être heureux dans la vie, pour vous sentir mieux au quotidien et en accord avec la vie que vous voulez vivre, vous ne devez pas tenir compte de votre réalité actuelle, mais créer en vous la vie que vous voulez.

Si vous êtes malheureux et voulez être heureux, vous devez dès maintenant vous centrer sur cette sensation de bonheur et de bien-être que vous voulez.

Vous devez ressentir en vous, dès maintenant, ce que vous voulez ressentir demain, lorsque vous aurez la vie que vous voulez.

Les personnes qui sont capables d'être heureuses, sont celles qui ont cette capacité de comprendre qu'elles seront demain comme elles se sentent aujourd'hui.

Si vous vous sentez aujourd'hui, intérieurement, proportionnellement à vos conditions de vie, à ce qui vous arrive, votre vie sera la même demain.

Si vous voulez que les choses changent, vous devez dès maintenant vous sentir intérieurement comme vous voulez vous sentir demain.

Vous savez maintenant que vous pouvez vous sentir bien même si vos conditions de vie ne vous conviennent pas, vous savez que vous pouvez vous sentir heureux même si vos conditions de vie sont malheureuses, alors faites-le.

Comment voulez-vous vous sentir demain?

Demandez-vous cela, posez-vous des questions. Imaginez comment vous vous sentirez lorsque vous aurez la vie que vous souhaitez.

Si vous êtes seul dans la vie, demandez-vous comment vous vous sentirez lorsque vous aurez trouvé la personne qui vous convient, demandez-vous le et ressentez-le en vous dès maintenant, comme si c'était déjà le cas.

Cela demande un petit effort conscient, mais vous savez déjà le faire quand vous imaginez comment vous vous sentirez lorsque votre réunion va mal se passer ou lorsque telle situation désagréable qui est prévue va arriver.

Il vous suffit d'apprendre à utiliser cette capacité d'imagination dans un sens positif maintenant.

Sentez-vous comme si vous aviez la vie que vous désirez

La seule manière de programmer votre subconscient est à travers des sensations, un ressenti intérieur. Il ne comprend pas les mots comme le mental peut les comprendre.

La seule chose qu'il comprenne c'est qu'il doive faire fructueux les sensations que vous ressentez, c'est la seule chose.

Il cultivera toutes les graines que vous placez en vous, dans votre ressenti intérieur.

Mais attention : il ne suffit pas de penser à comment vous voulez vous sentir demain, il faut le ressentir en vous dès maintenant.

Si vous voulez une nouvelle maison, il ne suffit pas de penser à cette maison, mais de ressentir en vous comment vous vous sentiriez si maintenant vous étiez dans cette maison. Y penser simplement ne servira à rien, vous devez le ressentir.

Votre vraie force dans la vie

Votre vraie force dans la vie, c'est de pouvoir créer une réalité intérieure qui ne tienne pas compte de ce qui vous arrive ou se passe autour de vous mais de ce que vous voulez intérieurement.

Lorsque vous prenez conscience de cela, vous n'êtes plus dépendant des circonstances extérieures, vous n'avez plus la peur d'échouer, de vous sentir mal ou d'être malheureux car vous savez que la vie et les circonstances qui se présentent à vous ne dépendent que de vous.

Vous avez toutes les clés de votre vie et c'est ainsi que vous pouvez découvrir et développer la sensation de bonheur en vous.

Être heureux, c'est être conscient de ce que l'on peut faire et de comment on peut se sentir.

Résumé de la clé du bonheur 07
"Créez votre réalité"

- Le monde extérieur est votre miroir, tout ce que vous percevez est à l'image de vous.
- Vous ne pouvez voir à l'extérieur que ce que vous avez su voir à l'intérieur.
- Vous êtes ce que vous détestez le plus et attirez ce que vous craignez le plus.
- Programmez votre subconscient pour vous sentir demain comme vous avez envie de vous sentir et pour avoir la vie que vous voulez.
- Sentez-vous dès maintenant comme vous avez envie de vous sentir demain.
- La vraie force dans la vie, c'est de pouvoir vous sentir dès maintenant comme vous avez envie de vous sentir demain, sans tenir compte de vos conditions de vie actuelle.
- En vous sentant d'une certaine manière vous montrez à votre subconscient comment vous voulez vous sentir demain.

Réaliser ses rêves

N'oubliez jamais : vous êtes merveilleux.

Je ne sais pas si vous serez d'accord avec moi, mais personnellement, je trouve qu'il n'y a rien de plus frustrant que de s'empêcher de **réussir sa vie**.

Oui, voir quelqu'un qui se limite alors qu'il (ou elle) a un potentiel énorme me rappelle à chaque fois à quel point l'être humain a peur d'être ce qu'il est vraiment : « un être merveilleux ».

Je ne vous ai pas en face de moi, mais je sais que votre cœur est la plus grande richesse que cette terre ait jamais connue.

Capable d'éprouver la joie, la tristesse, l'enthousiasme, la peur, l'amour, la haine, le plaisir, la vie, l'harmonie, etc...

Il est l'essence de ce que nous sommes, un joyau façonné pour briller et rayonner de lumière.

Oui, « **vous êtes merveilleux** », ne l'oubliez jamais.

Quand le bonheur fait peur...

Pourtant, je suis sûr que beaucoup d'entre nous pourront se reconnaître à travers un tableau moins idyllique.

En effet, qui ne s'est jamais entendu se plaindre ou se trouver un problème pour avoir quelque chose à dire alors qu'en y regardant à deux fois, il aurait été possible de voir que tout était là pour vivre le bonheur.

Oui, un peu comme s'il était nécessaire de vivre quelque chose d'éprouvant ou de contraignant pour avoir quelque chose à partager ou pour simplement avoir le droit d'exister.

Un peu comme s'il fallait se culpabiliser de vivre le bonheur, un peu comme s'il fallait avoir peur du bonheur.

D'ailleurs, il n'y a pas très longtemps, je regardais une émission sur les gagnants du loto. Et bien vous savez quoi ?

Une partie des gagnants culpabilisait d'avoir gagné.

C'est presque à se demander pourquoi ils jouent. Pour perdre !

Non bien sûr, mais je crois que nous sommes tellement conditionnés à vivre le pire, qu'on oublie que la vie est faite pour vivre le meilleur.

« Ils se contentent de réduire leur malheur plutôt que d'apprendre à vivre le bonheur »

Personnellement, lorsque j'apprends qu'il y a eu des gagnants au loto, je me réjouis pour eux.

Je me dis que ce matin, il y a deux personnes qui « normalement » n'auront plus de soucis d'argent.

Je m'imagine que ces personnes pourront se consacrer à vivre leurs rêves sans avoir à se préoccuper de savoir s'il y a assez de provisions sur leur compte en banque.

Alors, s'il vous plaît, faites vous plaisir et faites moi plaisir.

Face aux multiples sollicitations du monde qui nous entoure (travail, ami (es), famille, etc....), on peut parfois perdre sa boussole et oublier ce à quoi on aspire vraiment.

En effet, lorsqu'on vit, on est bien souvent pris dans un flot d'influences qui peuvent parfois nous échapper et nous entraîner dans une direction qui n'est pas toujours celle que l'on souhaiterait vraiment au fond de soi.

On veut faire plaisir, impressionner les personnes qui nous entourent, attirer leur attention, ou simplement faire bonne figure, et à trop faire attention aux autres, on finit par ne plus faire attention à soi.

Et plus on prend l'habitude de satisfaire les autres, plus il devient difficile de se connecter à soi tant les repères que l'on s'est fixé nous ont éloigné de nos ressentis et de nos rêves.

Le problème qui se pose bien souvent, c'est qu'une partie de nous sent tout cela, et il vient un jour où répondre aux besoins des autres ne nous satisfait plus. On s'aperçoit qu'il manque quelque chose dans notre vie, et ce quelque chose c'est nous !

Difficile dans ces conditions de parler de **« réussir sa vie »**, dont on s'est laissé déposséder sans même s'en apercevoir.

Comment faire alors pour retrouver ce chemin qui permet de **se connecter à soi** et de **s'épanouir** ?

Accepter d'être soi pour mieux « réussir sa vie »

Il faut bien souvent faire marche arrière et reprendre petit à petit toutes les parties de soi que l'on a cédé aux autres.

Il ne s'agit pas de rejeter ou de bannir les autres mais bien d'accepter que l'on ait ses propres besoins et d'apprendre à les affirmer aux personnes qui nous entourent.

Il faut apprendre à dire non et à s'affirmer.

Cela peut entraîner certains changements autour de soi, selon que notre entourage soit capable d'accepter ou pas cette redirection, mais il vient un moment dans la vie ou cela devient nécessaire.

« Réussir sa vie » ce n'est pas uniquement satisfaire les personnes qui nous entourent mais c'est aussi **pouvoir ressentir une satisfaction intérieure**.

Cela passe par la conviction intérieure que l'on est à sa place et que l'on a pris les bonnes décisions pour soi.

Il faut donc apprendre à **accepter d'être soi**, avant de pouvoir l'affirmer et ainsi permettre aux autres de nous aimer ainsi (ou pas).

L'essentiel étant de **se sentir bien avec soi** tout en restant en contact avec les autres, et ce, de façon plus libre et équilibrée.

Réussir sa vie, une question d'équilibre…

En effet, ce n'est pas parce qu'on apprend à s'affirmer que cela signifie qu'il faut se couper des autres et s'isoler.

Non !

Il s'agit plutôt de savoir trouver un équilibre dans sa relation avec les autres.

Pour cela, le mieux reste encore de savoir identifier vos besoins, de les reconnaître et de leur donner une place (les affirmer).

En effet, lorsqu'on est capable d'identifier ses propres besoins comme légitimes et d'y répondre de manière adaptée, il devient alors plus facile d'accepter et de reconnaître les besoins des autres.

Il sera alors encore plus facile d'être avec les autres, et ce, sans se sentir menacé ou dépossédé d'une partie de soi.

C'est ainsi que l'on arrive à trouver son équilibre, en sachant alterner le temps pour soi et le temps pour les autres d'une manière qui nous apporte satisfaction.

Néanmoins, il faut savoir que chaque relation vit car chacun y trouve son compte consciemment ou inconsciemment.

Si votre nouvelle manière d'être est trop menaçante pour certaines personnes qui vous entourent, il est possible qu'elles s'éloignent naturellement de vous car elles ne trouveront plus ce dont elles ont besoin.

Cela peut-être déstabilisant mais ce n'est pas toujours mauvais en soi.

En effet, si certaines relations étaient pesantes pour vous, c'est peut-être justement car elles n'étaient pas équilibrées et que les personnes dont la présence vous pesez avaient besoin de votre énergie (ou autrement dit de votre attention) pour se sentir bien.

En reprenant ce qui vous appartient, il est possible que vous perdiez l'estime de ces personnes qui s'étaient accoutumées à ce que vous les laissiez vivre sur votre énergie vitale.

S'ouvrir à soi est un choix dont il faut pouvoir assumer les responsabilités entre autres celle de se détacher de nos anciennes habitudes.

Cependant, entretenir une relation déséquilibrée est bien souvent plus lourd à porter que de devoir couper et/ou prendre de la distance avec cette dernière.

Car c'est bien souvent au prix de notre liberté de vivre que nous payons le choix d'entretenir de telles relations.

Vivre libre pour réussir sa vie.

Être bien avec soi, se sentir heureux et libres revient donc à faire le choix de s'accorder une place et de ne pas toujours mettre les autres sur le devant de la scène.

Il faut accepter ses différences et savoir intérieurement que :

« Mieux vaut être en accord avec soi-même et l'assumer que d'être d'accord avec tout le monde sans vraiment savoir qui l'on est. »

En laissant cette confiance intérieure rayonner en vous, vous serez à même de ressentir ce qu'est le sentiment de **« réussir sa vie »** et de vivre libre.

Lorsqu'on se lance sur la route du développement personnel, de l'amélioration de soi, il existe toutes sortes de techniques pour parvenir à prendre conscience de ses barrières et arriver à les transformer positivement.

Parmi ces techniques, j'aimerais vous parler de la *visualisation positive*.

Dans un premier temps, regardons ensemble à quoi correspond la *visualisation positive*.

Qu'est-ce que la visualisation positive ?

La visualisation positive correspond à la création d'images mentales positives dans votre esprit afin de réaliser un objectif dans votre vie.

Il s'agit donc de stimuler vos émotions positives grâce à votre imagination. Les images mentales positives ont le pouvoir de vous connecter à votre imaginaire qui est une partie très importante car elle est liée à votre subconscient.

De plus, l'image est, par elle-même, un message puissant. En effet, ne dit-on pas qu'une image vaut 1000 mots ?

Maintenant que vous savez ce qu'est la visualisation positive, voyons ensemble comment vous pouvez profiter de ses effets.

Comment utiliser la visualisation positive pour vous avancer vers vos objectifs ?

Tout d'abord il faut que vous définissiez l'objectif que vous désirez atteindre :

- Avoir un nouvel emploi

- Acheter une nouvelle voiture

- Rencontrer la personne idéale pour vous

Une fois que vous avez une idée claire de ce que vous désirez obtenir, allongez-vous dans un endroit tranquille, où vous êtes sûrs de ne pas être dérangés.

Puis fermez les yeux et prenez quelques respirations profondes afin de vous détendre et de relâcher les tensions musculaires.

Visualisez vous en train de réaliser votre objectif, ressentez la situation comme si vous y étiez, et laisser vos sensations s'amplifier jusqu'à ce que vous soyez rechargé d'énergie positive.

Lorsque vous vous sentez confiant et positif vous pouvez doucement revenir à la réalité et repartez dans votre journée sans penser à vos objectifs. Lâcher prise et laissez la vie vous surprendre en lui faisant confiance.

Répéter cet exercice plusieurs fois par semaine pour que votre inconscient enregistre les messages que vous lui envoyez.

Pensée positive : de multiples usages

Les principes **de** la *pensée positive* sont aujourd'hui de plus en plus connus et font l'objet de diverses utilisations.

En effet, de nombreux coachs ou thérapeutes recommandent d'utiliser des techniques liées à *la* pensée positive pour avancer dans la vie, dépasser des barrières psychologiques, être bien avec soi.

Pourtant *la pensée positive* peut aussi être utilisée pour favoriser la guérison de maladies. C'est d'ailleurs ainsi qu'Emile Coué recommandait généralement à ses patients de l'utiliser. Néanmoins sa fameuse formule :

« De jour en jour, à tous les niveaux, je suis de mieux en mieux »

S'adresse autant à la santé physique que mentale puisqu'il est question d'agir à tous les niveaux.

Cette formule a donc permis aux patients réceptifs à cette technique de guérir plus vite.

Il ne s'agit pas d'arrêter sont traitement médical mais de compléter ce traitement avec des techniques de pensées positives pour favoriser le processus de guérison du corps.

Comment faire alors pour utiliser le principe de la pensée positive en vue de favoriser la guérison d'une maladie ?

C'est ce que nous allons voir ensemble dans cet article, mais avant regardons comment agit la pensée positive sur votre état émotionnel.

La pensée positive pour éveiller vos émotions réparatrices

Jour ou l'autre témoin du pouvoir des mots et des pensées.

En effet, un mot dit à un moment donné et vous voilà énervés, émus, abattus ou enthousiastes.

Les mots et les pensées ont le pouvoir d'éveiller des émotions en vous.

Ces émotions peuvent être dynamisantes, stimulantes, régénérant ou au contraire saper votre moral et alimenter vos peurs et vos angoisses.

Le but ici est de pouvoir agir consciemment sur vos pensées pour exercer une influence positive sur les émotions capables de vous aider à guérir.

La pensée positive pour favoriser le processus de guérison du corps.

Maintenant que vous prenez conscience de l'influence des pensées sur vos émotions, il va falloir trouver des pensées positives qui stimulent des émotions régénérant en vous.

Les émotions régénérant sont celles qui vous permettent de vous sentir bien avec vous même, de vous reposer. Elles procurent une sensation de calme et de paix intérieure.

Comme chacun réagi différemment aux mots et aux pensées, il est important que vous choisissiez vous-même vos propres formules de pensée positive.

Je vais tout de même vous donner certaines idées afin que vous saisissiez le principe de la *pensée positive* (ou pourquoi ne pas utiliser une de ces formules si elles vous inspirent ?) :

- Mon corps se régénère et je retrouve forme et bonne santé.
- Mon sommeil m'apporte tout le repos dont j'ai besoin pour être bien avec moi-même.
- Je me sens chaque jour un peu plus calme et reposé.
- Mon corps retrouve chaque jour un peu plus de fraîcheur.

Une fois que vous avez des formules positives qui agissent favorablement sur vos émotions, il suffit de vous les répéter aux moments de la journée où vous y êtes le plus réceptifs.

Généralement on conseille de se répéter ces formules le matin en se levant et le soir avant de se coucher, pour favoriser l'impression de ces messages positifs par votre subconscient.

52 petites choses qui font de grandes différences dans la vie

1- Lundi maudit

Lorsque vous quittez la maison tôt le matin pour vous rendre au travail, vous n'avez aucune idée de ce que vous réserve la journée.

Pourtant dès votre réveil vous avez pu constater que durant la nuit, une panne d'électricité s'est produite, pas très longue, direz-vous, mais vingt minutes indiquent votre réveil matin.

Vous constatez également qu'à cause de cette panne, votre rasoir électrique qui était sur la charge, s'est arrêté. Vous devez vous raser à la main, avec une lame qui ne coupe plus et en plus ce n'est qu'à ce moment que vous vous rendez compte que vous avez oublié d'acheter de la mousse à raser. Dans son empressement à récupérer ces vingt minutes de retard, votre femme a déchiré sa dernière paire de bas. Il vous faut courir lui en acheter. Arrivé au magasin, vous devez retourner chez vous pour chercher votre argent laissé dans la poche de vos pantalons de la veille...

Enfin vous voilà au volant de votre voiture en direction du bureau, mais la circulation est bloquée. Six voies d'accès à un pont qui n'en compte que trois. À la radio on donne l'état de la circulation et les minutes d'attente éventuelles partout ailleurs, sauf pour l'endroit où vous êtes. Vous pianotez d'impatience sur votre volant lorsqu'un petit futé, utilise l'accotement sur votre droite et vient couper droit devant vous. Le policier en charge de la circulation fait passer tout le monde, y compris celui qui vous a coupé, et sifflet entre les dents, vous fait signe de la main d'attendre:

Votre tour viendra... Vous avez beau faire une crise de nerfs, taper sur le tableau de bord, dépenser une somme extraordinaire d'énergie nerveuse, vous êtes toujours au même endroit. Si c'est là votre comportement, lisez la suite. Si au contraire vous acceptez calmement la situation et que vous en profitez pour écouter la radio, pour examiner la mine des autres conducteurs en vous faisant un jeu de ce que chacun peut bien faire dans la vie ou que vous en profitez pour organiser votre journée, et bien, c'est aussi une raison de lire la suite...

2 - Un vrai boudin.

Nul n'est parfait et nul n'a l'obligation de l'être. Soyez doux et compréhensif avec vous-même. Vous le serez avec les autres. Soyez serein. Au saut du lit, la première chose à faire c'est de vous regarder dans la glace. Faites-vous un large sourire, même si vous n'avez pas encore mis vos prothèses dentaires. Regardez la tête que vous avez! Faites-vous une grimace, moquez-vous de vous-même, tirez la langue, regardez vos cheveux en broussaille, vos yeux boursouflés... Dites-vous bien que le visage que vous voyez c'est le vôtre, c'est le même que vous allez montrer à des centaines de personnes que vous croiserez durant la journée. Acceptez et aimez ce visage car c'est le vôtre. Rien ne peut le changer. Vous n'êtes pas Mel Gibson ni Claudia Scheffer, et après. (C'est dommage peut-être, je vous l'accorde, mais c'est ainsi, et puis après...)

3 - Vous êtes cuit!

Vous n'êtes pas un autocuiseur. Vous savez cet appareil avec une petite valve qui

ouvre
automatiquement si la pression devient trop forte. Pourquoi continuez-vous à vivre
dans l'angoisse en vous torturant parce que la pression vous semble trop forte? Déjà
en appliquant la règle du précédent, la pression et l'angoisse auront moins
d'emprise. Sous l'emprise de l'angoisse vous ne pouvez être créatif. Il vous est
doublement difficile de voir clair ou de trouver une solution adéquate à un problème.
Vous êtes moins motivé, vous ne voyez plus clair en avant de vous, vous manquez
d'assurance. Avant de paniquer devant n'importe quelle
situation, posez-vous la question: *Quelle est la pire chose qui puisse arriver si vous
ne posez pas sur le champ, telle ou telle action?* Vous verrez ce n'est jamais aussi
grave qu'on le croit.
J'ai connu un homme d'affaires qui était très sollicité. Il recevait près de deux cents
appels
téléphoniques par jour. Evidemment il lui était impossible de retourner tous ces
appels.
Pour lui aider à faire un tri, sa secrétaire mettait de côté les messages portant la
mention : Très important. - Très important pour qui, lui demandait-il, pour moi ou pour
la personne qui m'a appelé?
-Si c'est aussi important qu'il le dit, il va sûrement rappeler.
Et il ne rappelait jamais les personnes qui avaient laissé ces messages. Pas de
pression, pas d'angoisse.

4- Quel cauchemar!

Il y a deux jours dans notre vie qu'il vous faut absolument oublier: Hier et demain.
Même si vous vous réveillez la nuit pour penser aux bourdes de la veille ou à un
détail qui vous a échappé, je doute que vous puissiez réparer quoi que ce soit au
beau milieu de la nuit.
Si c'est un rendez-vous ou un autre problème du lendemain qui vous tracasse, il me
semble impossible d'y faire face avant que la situation elle-même n'arrive. Tout le
monde connaît cette expression populaire: On traversera le pont lorsque l'on sera
rendu à la rivière. Où on sortira les pelles lorsque la neige tombera.
Qui peut jurer que demain arrivera pour lui...

5- Ignorez les étrangers.

Comment réagiriez-vous devant quelqu'un que vous ne connaissez pas, que vous
n'avez jamais vu et qui vous balancerait un magnifique bonjour, comme s'il était très
heureux de vous voir?
J'avoue que c'est plutôt rare qu'une telle situation se produise. Pourquoi ne pas faire
l'expérience inverse?
Dites bonjour à un inconnu. Essayez dès demain. Vous allez éprouver un plaisir
jusqu'alors inconnu. En disant bonjour, vous venez de faire prendre conscience à
quelqu'un que pour vous, il existe. Surprise par votre attitude cette personne se
sentira plus heureuse et revalorisée. Peut-être fera-t-elle la même chose à son tour à
un étranger.
En entrant dans un ascenseur déjà bondé, faites l'expérience de lancer un bonjour
sonore à tout le monde. Personne ne vous répondra, alors qu'individuellement, tous
seraient ravis de le faire. Personne ne veut être le seul à applaudir. C'est tout
simplement dommage ce comportement de groupe, mais ne vous laissez pas
décourager pour autant. Dites bonjour!

Vous passerez une fichue de belle journée.

6- Mourir jeune empêche de vieillir!

Travailler, travailler, travailler et mourir jeune. Si ce n'est pas votre devise, pourquoi le faites-vous? - Il faut que je sois au bureau à sept heures avant que tout le monde arrive, ça travaille mieux. - Non, non, je n'aurai pas le temps de déjeuner ce midi.
- Ne m'attends pas pour le dîner, je ne quitterai pas le bureau avant neuf ou dix heures.
- Pourquoi suis-je debout à cette heure de la nuit? Tu me demandes sérieusement pourquoi ? Quelle question, ma chérie, c'est notre avenir qui est en jeu.
- Si François téléphone dans la journée, dis-lui qu'il n'y a pas de golf pour moi samedi, j'ai un travail important à réviser.
- Je suis désolé, mais impossible de rendre visite à ta mère dimanche, j'ai un important meeting à préparer pour lundi matin.
- Où ai-je mis mon portable ? Si je reçois un fax, tu m'appelles dans la voiture. Si je suis déjà en ligne, laisse un petit message, je te rappelle.
- Qu'est-ce que tu dis? Si j'ai toujours cette petite douleur à la poitrine, oui... mais ça va passer...
- Ai-je une tête à perdre trois heures au cinéma, à regarder un bateau couler?
- Si je néglige mon travail, chérie, c'est nous qui allons couler...
Qui a chargé cet imbécile d'une mission semblable? Personne d'autre que lui-même. Bien avant son patron, la vie elle-même va se charger de le congédier.
Ce n'est qu'à ce moment qu'il comprendra que tout ça n'en valait pas la peine, qu'il fallait savourer le plaisir de vivre et que le travail devait être un outil pour améliorer ce plaisir et non pour le détruire. Prenez le temps de vivre.

7- Si on ne vous dit rien, écoutez.

Si vous voulez prendre plaisir à la conversation, laissez parler les autres. Tout le monde dira qu'il a passé une agréable soirée en votre compagnie.
Tous les hommes riches qui ont travaillé dur à ériger un empire sont souvent des gens modestes qui ne cherchent pas la moindre occasion pour étaler leur richesse. Ces gens-là savent écouter. Ce n'est pas tellement dans les propos des autres qu'on apprend le plus mais dans l'observation des gens qui parlent.
Jugez de quoi ils parlent plutôt que de la façon dont ils parlent. Observer les gens quand ils parlent vaut mieux que de les écouter.
Dans une soirée, cherchez celui qui parle le moins, c'est souvent lui qui a le plus à dire.
N'a-t-on pas deux oreilles et une seule bouche?

8 - Donnez en gardant tout pour vous.

Ça peut vous sembler bizarre, mais c'est bien ce que je veux dire. Soyez généreux, donnez tout ce que vous pouvez ça vous rendra plus riche.
Lorsque vous faites un don, quel qu'il soit, et que vous éprouvez le besoin de le dire, ne serait-ce qu'à une seule personne, c'est comme si vous n'aviez rien donné.
Vous avez plutôt acheté un droit qui vous permet de dire du bien de vous-même.
Soyez modeste. Les autres auront une plus grande estime de vous.
Donner quand on vous le demande, c'est très bien, mais donner sans être sollicité c'est encore mieux.

9 - Surtout ne prêtez *pas* d'argent.

Si quelqu'un qui se dit votre ami vous demande de lui prêter de l'argent, sachez tout de suite que ce n'est pas un véritable ami.

Celui qui est vraiment votre ami ne vous le demandera pas. Il se contentera plutôt de vous

raconter la situation qu'il vit, vous laissant le libre choix de lui offrir votre aide financière sans vous rendre mal à l'aise.

Si vous acceptez de lui prêter de l'argent c'est que vous avez de la considération et de l'estime pour cet ami et votre seul but est donc de l'aider.

Alors ne lui pose pas de condition. Dites-lui simplement:

- Voici le montant dont tu as besoin et ça me fait plaisir de pouvoir t'aider.

Mais dans votre for intérieur, dites-vous: « *Je lui donne cet argent et n'en reparlez plus jamais* »

Vous garderez votre ami et vous récupérerez votre argent.

Et si pour une raison inexplicable ce prêt ne vous était jamais remboursé, souvenez-vous que vous en aviez fait le don. Ainsi vous ne serez jamais déçu.

10 - Le plus beau moment.

- C'est le mariage de ma fille la semaine prochaine. - C'est dans une quinzaine que j'aurai ma nouvelle voiture. - C'était la première fois que nous allions aux chutes Niagara.

- C'était à mon anniversaire, lorsque j'ai eu seize ans. C'est très bien d'anticiper les moments heureux ou de se rappeler les bons souvenirs du passé mais ce n'est pas pour autant le plus beau moment. Pour moi, le plus beau moment c'est celui où j 'écris cette ligne, parce ce que c'est le moment présent. C'est le moment que j'ai choisi pour le faire. C'est un moment où j'ai pleine conscience de ce que je fais. Je vis pleinement cet instant. Pour tout l'or au monde je ne voudrais faire autre chose présentement.

Vous ne me croirez peut-être pas en relisant cette dernière phrase. Vous direz sûrement que c'est plus facile à dire qu'à faire, mais sachez que je n'essaie pas de vous convaincre de quoi que ce soit. Faites votre propre expérience.

Si chaque moment de la journée est un moment que vous choisissez de vivre et que vous l'appréciez, vous pourrez dire en vous endormant le soir venu que vous avez eu une journée heureuse. Demain, vous aurez un souvenir heureux d'hier... Sachez accumuler et multiplier ces parcelles de bonheur. A la fin de votre vie la somme de ces joies sera astronomique.

11 – Il y a toujours un beau côté.

C'est vrai, mais nous ne sommes pas toujours disposés à le voir. Beaucoup d'imprévus dans la journée peuvent survenir pour tenter de nous gâcher l'existence. C'est uniquement notre attitude qui fera que cette journée sera gâchée ou non. Il n'y a personne au monde qui s'est levé ce matin en jurant qu'aujourd'hui vous seriez la cible de tous les événements agaçants. C'est à vous de décider si un événement qui vous agace l'emportera sur vous. Arrêté à un feu rouge, je vois surgir un « squeegee » (sorte de punk mal habillé qui nettoie ou salit davantage votre pare-brise...) Ce dernier en moins de dix secondes, arrose, brosse, essuie mon pare-brise et me tend la main pour recevoir le pourboire qui devrait accompagner son action.

Surpris par son intervention que je n'avais pas sollicitée d'ailleurs, je lui dis à voix plutôt basse, (un mensonge se dit mieux à voix basse...) que je n'avais pas de monnaie.

« *C'est sans importance* » m'a-t-il répondu. « *Ce sera plus agréable de conduire votre voiture aujourd'hui et vous aurez une bonne pensée pour moi. Je suis heureux de vous avoir rendu service et passez une bonne journée Monsieur.* »

Sur le trajet du retour, je me suis arrêté, au beau milieu de la circulation pour lui remettre en double, la pièce de monnaie que j'avais tenté d'économiser, une heure plus tôt...

12- À votre *avis...*

Mais qui vous a demandé votre avis?

Lorsque quelqu'un vous demande votre avis ou un conseil sur un sujet en particulier, c'est uniquement pour se confirmer à lui-même, qu'il pense exactement le contraire et que c'est lui qui a raison. On se fout de votre avis, même si on vous le demande.

Qui n'a pas un beau-frère, un voisin ou une connaissance qui ne rate jamais l'occasion de vous dire comment faire?

Pourquoi quelqu'un d'autre saurait mieux que vous ce qui vous convient?

Et si c'est vous qui demandez l'avis de quelqu'un c'est la même chose que de lui dire:

- Bien voilà, comme je suis un imbécile et un crétin pourrais-tu m'éclairer sur cette situation étant donné que tu es plus intelligent que moi?

Vous avez là une piètre opinion de vous-même. Lorsque l'un de mes enfants me demande un

conseil, je sais immédiatement qu'il a déjà fait un choix.

Je me contente de lui répondre en tant que père:

« *Je crois que la solution de gauche est la bonne et que celle de droite est la mauvaise, mais je sais que tu vas opter pour celle de droite. Alors fonce avec celle de droite en te souvenant toutefois que ce sera à toi et non à moi d'en assumer les conséquences* »

13 - Impatient ... moi?

C'est la meilleure façon de bousiller votre journée.

On dit que la patience est une grande vertu et que les gens vertueux sont peu nombreux.

Peut-on apprendre la patience ? Il suffit d'être intelligent pour devenir patient. Ce qui rend impatient est toujours relié à quelque chose d'extérieur.

Devant une situation ou un comportement qui vous rend impatient, il vous faut d'abord analyser et vous servir de votre logique et de votre jugement.

Prenez une situation où votre plaisir est gâché et que vous devenez impatient... Par une belle journée, vous jouez au golf en compagnie de votre meilleur ami. Vous rejoignez le groupe qui est devant vous et vous êtes forcé d'attendre au moins cinq minutes avant de monter sur le tertre de départ suivant.

Vous grommelez sur la lenteur de jeu du quatuor devant vous. Evidemment vous ratez votre coup de départ!

- C'est toujours ça qui se produit quand on attend trop longtemps, j'ai perdu ma concentration. C'est cette bonne femme devant qui m'énerve, c'est sa faute.

C'est la réplique automatique de tout golfeur impatient. Et dans cet état d'esprit il n'est pas rare de rater aussi le coup suivant.

Comment une bonne femme déjà à plus de deux cents mètres de vous, peut être tenue responsable de votre mauvais jeu?

Et pourquoi cinq petites minutes d'attente ont une si grande importance alors que vous aviez réservé toute une journée pour le golf?

Après chaque crise d'impatience, posez-vous la question à savoir si votre crise a changé quoi que ce soit à la situation. Je vous garantis un meilleur score au golf...

Et à propos jouez vous de temps en temps au golf?

Si c'est le cas, alors sachez que je suis un grand passionné de golf, et que j'ai toujours cherché à améliorer mon score (comme chaque joueur de golf, j 'imagine)

Dans cette optique, j'ai créé une technique qui permet de réduire les risques d'erreurs en enlevant des étapes dans la montée, la descente et l'impact. .

Inspiré du lancer frappé au hockey, l'élan simplifié de la technique vous apporterez une mécanique parfaite, qui se résultera par un coup droit, loin et précis.

Avec cette technique, c'est le bâton qui guide votre mouvement et votre corps. Vous n'avez plus à vous concentrer sur la complexité de l'élan de golf traditionnel.

14- Tendez la main.

Voilà l'un des gestes les plus difficiles à faire suite à une dispute ou à un malentendu. C'est d'autant plus difficile, si vous êtes convaincu d'avoir raison.

En faisant le premier pas, vous prenez automatiquement le dessus, car votre adversaire

voulait probablement le faire, mais vous l'avez devancé.

Il admirera votre geste en regrettant de ne pas avoir pris lui-même cette initiative.

Présentez-lui vos excuses en admettant que c'est vous qui aviez tort.

Il deviendra votre défenseur. - Mais non mon vieux, t'en fais pas, c'est moi qui ai tous les torts, ta façon de voir était la bonne. Ne faites pas le malin, en lui disant: « *Enfin tu*

l'admets... »

Restez modeste, vous seul savez que vous avez gagné.

Si vous tendez la main le premier et que les choses ne s'arrangent pas, vous aurez encore gagné parce qu'au moins vous serez en paix avec vous-même.

15- La vie est injuste et cruelle.

Peut-être bien que oui, peut-être bien que non. Ça dépend uniquement de vous.

Bien sûr, nous sommes à même de constater tous les jours des injustices de toutes sortes.

Des injustices causées par des membres de la société envers d'autres membres de cette même

société.

Mais la vie elle?

Le plus grand cadeau que vous ayez pu recevoir c'est la vie. Et vous l'avez. Qu'en faites-vous?

Si elle vous semble injuste c'est à vous de la rendre plus juste, elle vous semble cruelle, à vous de l'adoucir.

Il y a quelques années, je fus invité à donner une conférence dans un hôpital du Québec, où on avait réuni quelques quatre cents hommes d'affaires afin de faire une levée de fonds.

En arrivant dans la salle je remarquai la présence de nombreux patients, dont une dizaine en fauteuil roulant. Je remarquai parmi eux, une femme qui d'une main tenait une cigarette et de l'autre une bouteille de bière. Elle semblait s'amuser ferme.

Elle me fit signe d'approcher. Elle me dit combien elle était heureuse d'assister à ma conférence. Tout en discutant elle se permit de me glisser deux ou trois blagues un peu osées...

Elle s'esclaffait après chacune d'elle, fière de son audace.

- Depuis combien de temps êtes-vous emprisonnée dans ce fauteuil roulant?
- Depuis vingt-neuf ans, monsieur, mais je ne suis pas prisonnière. Je fais ce que je veux. Je peux vous dire une chose, la vie est belle...

Je discutai également avec un homme lui aussi en fauteuil roulant.

- J'ai cinquante deux ans, me dit-il. J'avais une petite entreprise qui allait très bien, on faisait de bonnes affaires. Comme nous n'avons pas d'enfant, nous faisions de nombreux voyages ma femme et moi et nous n'avions pas à nous inquiéter financièrement.

Et voilà qu'une damnée maladie m'a cloué sur ce fauteuil. Ne trouvez-vous pas que la vie est cruelle?

- Depuis combien de temps, êtes-vous ainsi?
- Depuis, six mois et onze jours. Ne trouvez-vous pas que la vie est cruelle?

16- Rien de mieux que flâner.

Combien d'entre nous anticipe avec impatience l'âge de la retraite. Mais pour faire quoi ? Justement pour ne rien faire.

Je crois que c'est une grave erreur de penser ainsi. On ne peut du jour au lendemain ne rien faire. Il faut apprendre à ne rien faire par une pratique quotidienne.

Si vous n'avez rien à faire et bien faites-le bien.

Chaque jour prenez un moment à vous et pour vous. Ne faites rien. Cinq, dix, trente, soixante minutes, soyez maître de votre temps. Flâner simplement. Laissez votre esprit se promener, vagabonder là où il veut bien vous amener, vous ferez même des découvertes.

Laissez votre corps suivre les mouvements de l'esprit, laissez-le se reposer là où il se sent bien, installé dans un fauteuil confortable, sur une chaise longue, étendu sur le canapé ou simplement sur le tapis du salon.

Flâner de corps et d'esprit c'est un tonique que vous ne trouverez pas en pharmacie.

Flâner c'est aussi observer, contempler, savourer ce qui nous entoure, prendre conscience de la grande beauté de la vie. Certains moines passent une vie entière à faire de la contemplation et ils vivent très vieux. D'accord ils ne sont pas très utiles à la société, mais ce n'est pas votre cas et assurément vous vivrez aussi vieux.

17 - Le stress, quel stress?

Il y a semble-t-il deux sortes de stress, le bon et le mauvais. Le bon stress est celui qui stimule, qui motive, qui entraîne à atteindre un but.

Le mauvais est celui qui anéantit, qui détruit, qui écrase et qui va même jusqu'à faire craquer.

Lorsque vous brassez avec vigueur une bouteille de champagne, le bouchon saute et elle se vide de son contenu. N'attendez pas que votre bouchon saute...

Si on vous brasse la bouteille et que vous sentez que le bouchon va céder, arrêtez-vous.

Parlez à la personne qui va le mieux vous comprendre, celle qui vous connaît bien, pour qui vous n'avez pas de secrets, c'est à dire vous-même.

Pas à un ami, ni à un collègue, ni à un voisin, ni à un thérapeute. Vous parlerez à ces gens, uniquement si votre bouchon a sauté et que, hélas votre bouteille est déjà vide.

Avez-vous déjà essayé de remettre en bouteille le contenu d'une bouteille de vin renversé ? Ce qui est perdu est perdu.

Si vous vivez un grand stress, c'est que vous laissez les événements extérieurs vous contrôler.

Mettez sur papier ce qui vous stresse et pourquoi selon vous. Rappelez-vous les stress que vous avez déjà vécus et combien ils vous rendent indifférent aujourd'hui. Ayez une pensée pour tous les amis, parents ou connaissances qui sont décédés dans les cinq dernières années. Etaient-ils stressés ? Si vous désirez les rejoindre, continuez ainsi. Évidemment vous mettrez fin à votre stress...

18- Un petit mot gentil.

Lorsque j'avais douze ans, j'ai lu le livre du regretté Dale Carnegie: « Comment se faire des amis ». Dans un chapitre, il recommandait, à l'occasion, d'écrire un mot à un ami, à une connaissance, à un client, ou même à un adversaire.

Ce que je regrette aujourd'hui, c'est de ne pas l'avoir mis en pratique suffisamment. Je crois que c'est plus que de se faire des amis. En fait les amis, vous pouvez leur téléphoner, leur écrire ou encore les rencontrer. C'est quelque chose d'acquis, ils sont vos amis.

Mais faites parvenir un mot gentil à quelqu'un que vous connaissez à peine et qui a dû intervenir dans votre vie.

Ex: L'anesthésiste en devoir le jour de votre opération, un vendeur qui vous a traité royalement même si vous n'avez rien acheté, l'ami d'un ami qui vous a obtenu des billets pour un événement que vous ne vouliez pas rater, même quelqu'un qui n'a rien fait pour vous, mais que vous admirez. Vous trouverez facilement des gens qui méritent qu'on leur dise simplement merci.

Lorsque vous signerez votre nom au bas de la feuille, vous sentirez instantanément un flot de joie, de plaisir et de fierté vous envahir. A quel rythme faut-il le faire, une fois par année, une fois par mois, par semaine, par jour?

A vous de décider à quel rythme vous voulez vous faire du bien...

19 - Une *visite* au salon...funéraire.

Un ami me racontait à quel point il détestait son patron.

- Je l'imagine, me disait-il, dans un cercueil recouvert par une vitre. Et là, les quelques huit cents employés de son entreprise défileraient un à un devant lui et lui cracheraient au visage. Moi, je serais planté à côté du cercueil et j'essuierais la vitre chaque fois que quelqu'un se serait exécuté. Il faut avoir un minimum de respect, disait-il ironiquement. C'est le patron...

Imaginez-vous un instant dans votre cercueil et voyez les gens qui défilent devant vous. L'exemple ci- haut est démesuré et exagéré. Mais... Pourquoi attendre si tard pour apporter des changements dans votre vie.

Pourquoi avoir à regretter des gestes que vous n'avez pas posés et qui étaient pourtant si simples?

Avez-vous vécu la vie que vous aviez décidé de vivre?

Avez-vous atteint les objectifs que vous vous étiez fixés?

Heureusement ce n'est qu'un exercice et vous n'avez qu'à ouvrir les yeux. Apportez donc aujourd'hui les changements que vous pouvez apporter. Car ce jour-là il sera trop tard.

Et peut-être qu'il n'y aura personne à côté de votre cercueil ... pour essuyer la vitre.

20 - Ne faites confiance à personne.

On pourrait vous tromper. Croyez-vous?

La première fois où j'ai eu à engager une secrétaire, j'étais plus embêté qu'elle.

« A quelle heure dois-je commencer à travailler et à quelle heure je termine ? » me demanda-t-elle.

Honnêtement je n'en savais rien.

- Et bien disons que le matin vous arrivez à l'heure qui vous convient et en fin de journée vous partez quand vous en avez assez. L'important c'est que le travail qui vous est confié soit fait et bien fait.

- Et quel salaire m'offrez-vous?

- A vous de décider, lui dis-je. Fixez un montant raisonnable à l'heure et le nombre d'heures travaillées déterminera votre salaire.

J'avoue que ce n'était pas une offre d'emploi très conventionnelle.

D'abord pour être certaine d'obtenir l'emploi, elle demanda un tarif horaire moindre que celui que j'étais prêt à payer (ce qui me laissait un petit coussin dans l'éventualité ou elle demanderait une augmentation de salaire...)

Ensuite, elle n'avait pas à me faire de cinéma ou à me raconter une histoire abracadabrante pour expliquer un retard. Je n'ai jamais eu à regretter cette décision. Pendant toute la période où elle fut à mon emploi, jamais elle ne m'a téléphoné qu'une fois pour dire qu'elle serait absente, à cause du décès de sa grand-mère paternelle...

Jamais elle ne fut absente. Un jour, elle décida de partir en me disant qu'elle était épuisée et qu'elle avait besoin d'une année sabbatique. Je m'empressai de lui remettre le salaire qu'elle m'avait fait économiser.

21- Avez-vous un plan?

Auriez-vous l'idée de construire une maison sans au préalable avoir un plan?

Quelqu'un m'a raconté l'histoire suivante:

Un jour, le président d'une importante société se présente à son bureau très tôt le matin, un peu avant huit heures.

À sa grande surprise, il y a déjà quelqu'un qui l'attend.

- Bonjour monsieur, dit le PDG. Que puis-je faire pour vous à cette heure? Avez-vous un rendez-vous?

- Eh bien non, dit l'inconnu, j'ai tenté d'en obtenir un mais en vain, c'est pourquoi j'ai pensé venir vous attendre car il est très important que je vous parle.

- Vous avez de la chance qu'il soit si tôt et que j'aie un peu de temps devant moi. Venez dans mon bureau, je vous accorde dix minutes pas plus.

L'inconnu s'installe timidement tenant à la main sa petite mallette.

- Alors ? Fait le PDG.

- Bien voilà monsieur, je commence un nouvel emploi et j'aimerais avoir quelques conseils de quelqu'un qui a réussi, enfin d'une personne comme vous. - Et qu'est-ce que vous vendez ? demande le PDG. - Heu... de l'assurance vie, monsieur, et on m'a dit que ce n'était pas facile à vendre. - Tout d'abord, le premier conseil que j'aurais à vous donner, c'est de vous habiller convenablement et de soigner votre personne. La cravate que vous portez ne convient pas à votre costume qui est d'ailleurs un peu froissé.

En plus, pour faire bonne impression, essayez de vous raser avant de rencontrer votre premier client de la journée.
- ... Avez-vous besoin d'assurance ? demande l'inconnu. - Écoutez mon ami, dit le PDG, vous n'allez pas conclure beaucoup de ventes, si vous vous y prenez de cette façon, car pour réussir dans la vente, ça prend un plan. Un plan de travail, un plan pour organiser vos rendez-vous, un plan pour amener le client éventuel à penser qu'il a besoin d'assurance, un plan pour conclure votre vente. Si vous n'avez pas de plan, vous n'y arriverez jamais.
- Je ne vous dérangerai pas davantage monsieur, vos conseils sont justes. Je vais m'y mettre en sortant de votre bureau. Je vous dis un gros merci pour le temps que vous m'avez accordé.
- Écoutez, surtout ne vous découragez pas, car j'ai trouvé astucieux votre truc de venir m'attendre si tôt à la porte de mon bureau. Ça prend du courage et de l'audace. Et honnêtement pour vous encourager dans votre nouvelle carrière, je vais vous souscrire une police d'assurance de *$ 5,000.00* dollars.
Une fois tous les papiers signés, l'inconnu remet le chèque dans sa petite mallette et tend la main au PDG.
- Monsieur le président, merci beaucoup. Voyez vous mon plan, c'était ça...

22- Cassez-lui la gueule!
Mais qu'est-ce que vous attendez pour vous défouler ? Après tout, c'est lui qui a pris votre place au parking. Comment peut-on permettre à cet animateur imbécile de dire publiquement des choses pareilles à la radio?
Allez, cassez-lui la gueule. Arrêtez au prochain feu rouge, allez dans le coffre arrière de votre voiture, prenez un vieux bâton de golf et Vlan... donnez un grand coup dans votre appareil radio. Vous ne l'entendrez plus cet énergumène. Vous avez commandé une pizza mais on vous la livre froide!
C'est impardonnable, vous n'avez pas à tolérer une telle chose, vous, un client régulier.
Allez dans une cabine téléphonique et commandez une vingtaine de pizzas à être livrées à de fausses adresses...
Pourquoi seriez-vous le seul à payer? Il y a une erreur sur votre addition au restaurant.
Mais il faut gueuler, dites-le à haute voix, soyez assuré que les autres clients ont bien compris le message. C'est bien connu, si on ne vérifie pas, les autres en profitent. Ah, l'erreur était en votre faveur...???
Tant pis, ça comptera pour les autres fois, ils sont tous pareils, tous des voleurs.
Quoi, il manque de l'argent dans votre compte de banque?
Vous avez un découvert?
Vous n'avez qu'une seule question à poser à votre gérant de banque: - Monsieur,

savez-vous qui je suis?

Ah... Il vous a raccroché la ligne au nez...
Allez directement à la banque et cassez-lui la gueule.
Si vous avez ce comportement ne serait-ce qu'une seule fois par jour, multiplié par sept, multiplié par cinquante deux, multiplié par x nombres d'années, écrivez-moi et laissez-moi votre adresse. Mon beau-frère ira vous casser la gueule...

23- La vie *est* un jeu!
Qui a dit une connerie pareille ? Moi.
Moi ou d'autres avant moi, beaucoup d'autres...
Mais on joue à quoi?
Ne dit-on pas que l'important n'est pas de gagner mais de participer?
La vie est un jeu, un jeu individuel autant qu'un jeu d'équipe.
Comme dans tous les jeux, on ne peut pas toujours gagner comme on ne peut pas toujours perdre.
La plus grande satisfaction au jeu de la vie c'est de prendre plaisir à y participer.
C'est le seul jeu où il n'y a pas de perdant laissé pour compte, tout le monde arrive à la même fin...

24- Quel monde ingrat!
Nous sommes tous peinés et désolés de voir la misère dans le monde, particulièrement dans les pays sous-développés.
Ce qui n'empêche pas d'avoir des miséreux dans notre propre pays. Des clochards et des sans abri qui n'ont même pas un toit pour se réfugier la nuit et qui n'ont mangé qu'un seul repas dans la journée.
Vous sentez-vous coupable d'une telle situation? Un tout petit peu peut-être?
Vous avez tort. Imaginez un instant que vous gagnez un million de dollars au loto.
Vous devenez millionnaire d'un seul coup.
Tous vos parents et amis parlent de vous en terme du millionnaire que vous êtes.
Certains, même plusieurs, sinon tous feront la réflexion suivante: - Qu'est-ce que ce serait pour lui de nous en donner un tout petit peu?
Justement vous y aviez pensé. Vous dressez une liste d'abord des gens qui vous sont chers, parents, oncles, tantes, cousins, cousines, neveux, nièces, ensuite amis et connaissances.
Vous arrivez à mettre sur votre liste une centaine de noms. Vous gardez pour vous cinquante pour cent du magot, vingt-cinq pour cent à votre famille immédiate et vingt-cinq pour cent aux autres.
Ce qui veut dire que chacun recevra un chèque de deux mille cinq cents dollars.
Vous ferez vingt pour cent d'heureux et quatre- vingt pour cent de mécontents.
- J'aurais préféré ne rien avoir, qu'est-ce que c'est, deux mille cinq cent sur un million, c'est rien du tout.
- C'est tout ? Et ça se dit millionnaire, ça ne couvre même pas mon hypothèque ni l'achat d'une voiture usagée.

- Quel radin!
Ce qui signifie, que quoique que vous fassiez, il est impossible de plaire à tout le monde.

Occupez-vous donc de vous. Soyez votre priorité...

25- Je ne peux rien donner, je n'ai rien.

D'accord, vous n'avez rien à donner, ne donnez rien, mais offrez-le quand même. Donnez ce qui ne vous coûte rien, ça ne vous appauvrira pas. Un geste, une action, une parole, un sourire.

Donnez de votre amabilité, de votre gentillesse, de votre courtoisie, de votre délicatesse, de votre temps, de votre énergie et surtout donnez de l'amour. Si vous le pouvez, donnez de votre sang, peut-être donnerez-vous la vie. Donnez sans intérêt, sans espoir de retour.

Donnez car c'est vous qui serez le premier à en profiter...

26. - Votre femme vous trompe!

Sans blague, et bien tant pis pour vous...

Sachez que votre femme ne vous trompe pas, elle se fait plaisir.

Ce n'est pas quelque chose qu'elle fait contre vous, elle le fait pour elle-même, convaincue qu'elle n'a plus rien à attendre de vous.

Personne y compris le plus beau et le plus séduisant des hommes ne peut vous voler votre femme sans son consentement à elle.

Tranquillement le détachement s'est fait entre vous, elle a sûrement tenté de vous donner toutes sortes de signaux d'alarme. Vous êtes resté sourd, aveugle ou insensible à tous ces signes.

Quelles que soient les raisons qui font que la situation en est là, le verdict est le même. Mais
maintenant que vous savez et qu'elle sait que vous savez, que faut-il faire?

Vous voulez mourir ... ai-je bien entendu, vous voulez mourir. C'est incroyable comme vous êtes égoïste.

Vous pensez que de cette façon, sa vie sera gâchée par les remords de votre suicide... N'en soyez pas si sûr. Et même si c'était le cas, vous ne serez plus là pour en jouir...

Vous dites "ma femme" mais elle n'est pas votre propriété, tout comme les enfants que vous avez, tout comme la vie elle-même. Rien de tout ça ne nous appartient vraiment et peut vous être retiré demain. Ce que vous ne savez pas c'est de quelle manière...

Mais dans le cas de votre femme, maintenant vous savez...

27- Un tout petit geste anonyme.

Ayez le souci des petites choses qui font plaisir même si on ne sait pas qu'elles viennent de vous. Vous êtes à la caisse du supermarché et derrière vous une petite fille de cinq ans attend son tour pour payer ses bonbons.

Pourquoi n'avez-vous pas le réflexe de les lui offrir en payant à sa place sans qu'elle ne sache que c'est vous?

Vous n'avez pas idée du bonheur dont vous vous privez. Un jour dans un restaurant j'ai assisté à une scène particulière:

Un monsieur fort bien vêtu, présente un billet de cent dollars tout neuf à la jeune fille derrière la caisse. La jeune fille semble figée sur place. Plutôt que de déposer le billet dans le tiroir-caisse, elle le manipule et l'examine dans tous les sens.

- Qu'y a-t-il, demande le client, vous croyez que c'est un faux?

- Ah non, pas du tout monsieur, excusez-moi, mais c'est la première fois de ma vie que je vois un billet de cent dollars. - Quel âge avez-vous mademoiselle?
- J'ai dix sept ans, monsieur, et c'est mon premier jour de travail dans une grande ville, je viens d'une région pauvre à l'autre bout du pays.
- Et bien, gardez le billet pour vous, riposta le client, je vais vous payer autrement. Après, il sortit sans regarder en arrière.
D'aucune façon il n'a tenté de savoir si son geste avait eu de l'effet. Mais à titre de témoin, la lueur de joie que j'ai perçue dans le regard de cette jeune fille, m'a accompagné toute la journée.
Vous n'avez peut-être pas les moyens de distribuer des billets de cent dollars, mais chose certaine vous avez les moyens de faire plaisir.

28 - Vrai ou Faux?
L'argent ne fait pas le bonheur.
Qu'est-ce que vous répondez ? Vous avez probablement envie de répondre ce qu'on vous a toujours enseigné. Vrai.
Moi je dis Faux. Assurément l'argent n'apporte pas le bonheur. Mais c'est vrai que sans argent le malheur est plus près de nous.
Ne dit-on pas que l'argent est le nerf de la guerre?
Ce qui est valable pour un pays, l'est aussi pour l'industrie, le commerce, les entreprises qui sont toutes dirigées par des individus. Et nous sommes tous des individus. Et nous avons tous droit à une part de cette richesse.
Encore là, même si nous y avons droit, il ne faut pas attendre que quelqu'un nous donne notre part.
Le grand secret, c'est à combien évaluez-vous votre part?
Comment fait-on pour établir cette évaluation?
En gagnant notre vie avec ce qui nous passionne. Confucius a dit: Celui qui fait un travail avec passion, ne travaillera pas un seul jour de sa vie.
Faites ce qui vous plaît et vous le ferez bien. Ce qui est bien fait rapporte davantage et est plus durable.

29 - Je te hais et je te déteste.
Les statistiques disent qu'un mariage sur trois, est un mariage reconstitué. Ce qui reste encore inférieur au nombre des divorces.
L'une des grandes causes de divorce est selon moi la qualité de l'amour. Si la qualité de l'amour entre mari et femme était la même que celui des parents envers leurs enfants, les divorces seraient rares.
Lorsqu'il y a dispute dans un couple, tous les coups bas sont permis. Les propos haineux lancés à l'autre font que la situation devient souvent irréparable.
Chacun des conjoints se sent blessé à l'intérieur.
Pourtant lorsque l'on réprimande, même sévèrement l'un de nos enfants, nos propos ne contiennent aucune jalousie, aucune haine, aucune vengeance.
Seul l'amour dicte les paroles et les reproches. Ce que l'on veut c'est le bonheur et le bien de chacun de nos enfants.
Votre conjoint mérite-t-il moins?

30- Mort ou vif.
Ce n'est sûrement pas la première fois qu'on vous dit que votre destin est entre vos mains. Et si c'était vrai?

Un jour des disciples voulurent mettre à l'épreuve leur grand maître.
- Maître, dit l'un d'eux, je tiens dans mes mains un oiseau, pouvez-vous me dire avec certitude s'il est mort ou vivant?
Et le grand maître de répondre: « *Son destin est entre tes mains.* »
- Si je dis qu'il est vivant, avec une légère pression tu l'étoufferas.
- Si je dis qu'il est mort, tu ouvriras les mains pour le laisser s'envoler...
N'en est-il pas ainsi dans chacune des décisions que nous avons à prendre?
Étouffons-nous les aspirations, les talents, les aptitudes et le génie que chacun détient en lui?
Tendez les bras à la vie, ouvrez les mains au bonheur et vous aussi vous pourrez vous envoler vers de nouveaux horizons.

31 - Beau cadeau.
La vie nous offre tout mais ne nous donne rien.
Tout ce que vous recherchez est là devant vous à votre portée. Mais rien ne sera obtenu sans que vous n'en fassiez la demande et surtout l'effort.
Faites vos choix et marchez vers eux. Allez droit devant. Avancez simplement. Pas à pas, sans courir, ce qui vous permettra durant ce voyage d'observer les beautés de ce paysage intérieur.
Celui qui apprend à jouer du piano, ne pourra jouer une symphonie de Beethoven la première semaine.
Le bébé qui apprend à marcher tombera plusieurs fois, mais un jour il marchera.
Aucun champion du monde à la boxe ne fut couronné lors de son premier combat.
Quelles que soient vos ambitions, vous pouvez y arriver.
Votre destin n'est-il pas entre vos mains?

32- Observez et découvrez.
Quelqu'un demanda à un touriste japonais, dont c'était la première visite en Amérique, ce qui l'avait particulièrement frappé.
- C'est que, ici tout le monde a les yeux ronds, répondit-il.
Ce qui semble normal pour nous est souvent une découverte pour d'autres.
Nous sommes entourés de choses hors du commun qui sont quotidiennement à notre vue et que nous ne voyons même plus.
Il en est ainsi dans notre travail, dans notre vie de couple, dans nos relations.
Pourquoi ne pas prendre la peine, à l'occasion de souligner à votre secrétaire au bureau combien vous appréciez le travail qu'elle fait pour vous?
La même chose pour votre conjoint ou votre conjointe qui à la maison fait régner une harmonie et une quiétude où il fait bon vivre.
Un petit mot ou un geste d'appréciation démontrerait que vous savez que tous ces égards ne vous sont pas obligatoirement dus.
En observant quelque peu vous découvrirez un tas de choses que les autres font pour vous. Si vous ne faites rien pour eux en retour, sachez au moins apprécier la chance que vous avez.

33 - Mettre de l'eau dans son vin.
Voilà la meilleure façon de gaspiller un grand cru. Mettez de l'eau dans votre vin et il ne sera pas buvable.
Du moins c'est la première constatation qui nous vient à l'esprit.

Mettre de l'eau dans son vin, c'est en diminuer la force en diminuant son volume d'alcool.

Il y a des situations dans la vie où justement il faut diminuer le volume d'agressivité, de colère, de haine et d'angoisse.

Si c'est la seule façon d'éviter le pire, pourquoi pas?

34- Dieu n'est pas parfait.

Chacun a sa propre façon de définir son Dieu.

Chacune des religions glorifie celui qui est le sien.

Et le vôtre ? Est-ce celui qui a créé l'univers, les galaxies, le cosmos, le macrocosme, la nature?

La nature n'est pas parfaite, est-ce voulu par son créateur ou bien est-ce le reflet d'une carence de sa propre perfection?

Si chacun de nous fait partie de ce dieu, il est alors plus facile de comprendre ses imperfections...

35- Joli défilé.

Êtes-vous spectateur ? Êtes-vous de ceux qui préfèrent regarder faire plutôt que faire?

Un motivateur réputé, Jean Marc Chaput disait dans ses conférences que la vie est comme un défilé.

Il y a les organisateurs du défilé, il y a ceux qui participent au défilé et il y a ceux qui regardent passer le défilé. Et il y a les autres qui ne savaient même pas qu'il y avait un défilé...

À quelle catégorie appartenez-vous?

Il y a de fortes chances que ce soit à la troisième catégorie.

Qu'attendez-vous pour organiser votre propre défilé?

Arrêtez de regarder faire les autres. Réalisez vos rêves et vos ambitions.

Personne ne le fera pour vous.

Devenez la vedette de votre défilé. Il y aura toujours des spectateurs pour vous admirer. Peut-être que votre exemple leur donnera le goût d'agir à leur tour.

36- Couvrez les meubles

Ils demeureront neufs et dureront plus longtemps. Mais vous aurez aussi une vie misérable.

Êtes-vous déjà allé chez quelqu'un, dont le canapé et les fauteuils sont camouflés sous de vieilles couvertures et où la moquette est recouverte de plastique?

De ces gens qui achètent des produits de consommation à la date limite pour économiser. Un poulet dont il manque un morceau, une boîte de conserve bosselée, du chocolat en solde parce qu'il était en vitrine.

De ces gens qui ne disent jamais « je t'aime », qui ne disent jamais merci, de ces gens qui espèrent un jour être heureux ???

37- Dépensez votre argent.

Ou arrêtez d'en gagner.

- J'économise pour mes vieux jours, j'économise en cas de coups durs.

Vous êtes un partisan de l'économie, alors économisez et... les autres en profiteront.

Quelle mauvaise expression que de parler de ses vieux jours. Chaque étape de la vie est importante et remplie de nouvelles aventures à découvrir.

Il n'est dit nulle part que vous serez plus heureux à la retraite si vous avez fait une vie de martyr pour amasser une fortune en banque.

La peur de perdre cet argent continuera de vous angoisser.

Vous amassez de l'argent au cas où un coup dur arriverait. Mais combien d'argent faut-il pour pouvoir encaisser un coup dur?

Vous l'apprendrez en perdant un être cher, un enfant, un parent, un ami.

Et le vrai coup dur, ne serait-il pas celui où vous perdez justement tout cet argent amassé ? Alors...

38 - Une petite note.

Vous désirez quelque chose et tout de suite. Vous êtes un émotif vous voyez un gadget quelconque, vous êtes acheteur au même instant. Je ne suis jamais arrivé à faire voler ces petits avions vendus sur la rue par des vendeurs itinérants.

Jamais je ne suis parvenu à siffler avec ce petit truc que l'on glisse dans la bouche et qui fait de vous un maestro.

Je n'ai jamais eu de succès avec ces petits bateaux qui font le tour de la baignoire ou de la piscine: Ils ont tous coulé.

Je ne suis jamais arrivé à faire ce tour de magie, qui pourtant fonctionnait si bien à la foire.

Pourtant je les ai tous achetés. Et ce petit bonhomme gluant que le vendeur lance dans le haut de la vitrine et qui redescend en culbutant aisément. Le mien a toujours dégringolé de haut en bas d'un seul coup.

Pourtant lorsque j'étais jeune mon père me disait:

- Avant d'acheter quelque chose, mets une petite note sur ton bureau et si au bout d'une semaine tu le veux encore, achète-le. Tu seras surpris du nombre de choses inutiles que tu éviteras d'acheter. J'ai dû oublier d'en prendre note...

39 - Grosse bedaine, petit collet.

Voici une expression purement québécoise.

Expression que l'on pourrait traduire par : voici quelqu'un qui vous promet de bien belles choses sans effort de votre part.

Toutes ces promesses sont trop belles pour être vraies.

Si tel est votre sentiment après avoir écouté les arguments d'un vendeur ou de quelqu'un qui vous demande d'investir toutes vos économies, faites confiance à votre instinct.

Ce qui est effectivement trop beau pour être vrai, n'est généralement pas vrai. Mais... il se peut qu'on vous offre une opportunité hors du commun pensez- vous.

Vous dites oui... malgré l'avertissement de cette petite voix intérieure. Et vous perdez!

Ne vous en prenez pas à cet individu qui vous a trompé.

Si au contraire, par prudence ou par scepticisme, vous aviez dit non et que par la suite vous auriez appris que c'était une occasion en or, a qui auriez vous fait porter le blâme?

À un inconnu qui n'a pas su vous convaincre.

Dans les deux cas, le vrai responsable est le même: Vous.

40 - *C'est* temporaire, dites-vous?

Vous faites ça en attendant. Mais vous attendez quoi?

Vous avez des ambitions, des projets, des idées, des choses que vous aimeriez réaliser.

Mais vous hésitez, vous remettez à demain, à plus tard. Vous n'osez pas tout simplement au cas ou.

Et pourquoi vous en faire outre mesure puisque vous faites autre chose en attendant...

Sûrement quelque chose qui ne vous plait pas tellement mais ça vous rapporte pour le moment. Avec cette façon de penser vous attendrez toute votre vie.

Le poète allemand Goethe avait écrit:

« *Si vous avez envie de faire quelque chose et que vous êtes capable de le faire, et bien faites-le...* »

41- La force de l'épreuve.

Vous vivez ce que vous considérez être la pire des épreuves.

Imaginons que vous êtes passager sur un bateau de plaisance par un beau soir d'été.

Soudainement quelqu'un vous pousse par-dessus bord. Le temps de retrouver vos esprits, le bateau s'est déjà éloigné.

Vous êtes au beau milieu d'une rivière dans une noirceur totale.

Qu'est-ce qui est le plus important à ce moment précis?

Connaître l'identité de celui qui vous a jeté à l'eau ou nager le plus vite possible vers la rive?

Lorsqu'une épreuve vous frappe, ce n'est pas tellement la force de cette dernière qui est importante mais plutôt la force que vous y mettrez pour la traverser.

42 - Au cimetière.

Eh oui, vous êtes mort et on va vous enterrer. Que va-t-on retenir?

La façon dont vous êtes mort ou la façon dont vous avec vécu?

43- Tout dégringole.

Qui ne connaît pas l'histoire d'un brave type, qui toute sa vie a trimé dur, travaillant sept jours par semaine à son commerce, ne négligeant ni temps ni énergie pour en faire un succès.

Il y a mis tout son coeur et son âme pour bâtir quelque chose de durable qu'il pourra laisser en héritage à ses enfants. Et voilà que tout à coup, à cause d'une mauvaise administration, d'une situation financière précaire ou d'une crise économique, tout s'écroule.

Cet homme est acculé à la faillite. Il perd tout, commerce, maison, voitures, bateau etc.

Il n'a plus rien. Ce qu'il avait mis des années à construire est détruit en peu de temps. Il a toutes les raisons du monde d'être découragé, brisé, anéanti. La partie est terminée.

Imaginez un instant que vous roulez sur une route dangereuse et que subitement aveuglé par les phares d'une voiture, vous ratez le virage et vous dégringolez dans un ravin.

La voiture est une perte totale mais vous vous en sortez miraculeusement indemne sans égratignure.

Vous remerciez la Providence de vous en sortir avec tous vos membres et en parfaite santé.

Tout ce qui vous reste à faire, est de remonter la pente de ce ravin pour atteindre à nouveau la route. Le temps que vous y mettrez sera beaucoup plus long que le temps que vous avez mis à plonger, mais tranquillement vous y arriverez, quelqu'un vous portera secours. Et la vie reprendra. Après une chute financière, remerciez la Providence de vous en sortir avec tous vos membres et en bonne santé. Bien sûr vous aurez à grimper la falaise avec tous les efforts que cela demande, mais tranquillement vous y arriverez, quelqu'un vous apportera son aide, et la vie reprendra.

44- Un gros chèque!

A quoi sert de faire un bon coup, si personne ne sait que vous en êtes l'auteur? C'est aussi valable dans l'autre sens.

Combien de braqueurs de banque se sont-ils faits prendre après avoir réussi un coup spectaculaire, pour l'unique raison qu'ils ont éprouvé le besoin de faire savoir, ne serait-ce qu'à une seule personne, qu'ils étaient les auteurs de ce vol, qualifié de génial par les experts?

Les organisateurs de Téléthons ont compris depuis longtemps cet état de fait et ils ont su l'exploiter.

-Faites-nous parvenir seulement deux dollars et nous mentionnerons votre nom en direct à la télé.

Vous êtes comme ces sociétés dites importantes qui se présentent sur scène porteuses d'un chèque plus gros que les personnes qui le tiennent à bout de bras. Le nom de la société est écrit plus gros que le montant versé...

Lorsque vous aurez franchi l'étape de donner sans attendre que votre ego soit flatté, vous aurez fait un grand pas vers la simplicité de la vie.

45- Vous êtes le client préféré.

Un jour, un ami me racontait qu'il fréquentait toujours le même restaurant pour le petit déjeuner. - Je suis un client important, disait-il, j'ai droit à un accueil chaleureux et à des petites attentions spéciales. - La serveuse de la section où je vais tout le temps m'interpelle même par mon prénom. Il déchanta le jour où le restaurant étant bondé, on le plaça dans une autre section. La même serveuse passa près de lui sans le saluer, sans mentionner son prénom, sans même lui faire le moindre sourire. Cette journée-là, il n'était pas son client.

Ce fut la dernière fois qu'il alla à ce restaurant.

Où doivent s'arrêter la gentillesse, la courtoisie et l'amabilité?

S'il vous arrive, d'agir comme cette serveuse, empressez-vous de corriger cette façon de faire et vous aurez de nombreux clients fidèles...

46- Donné, c'est donné.

Dans une petite rue de Cannes, dans le sud de la France, j'aperçus devant moi, une jeune femme dans la trentaine, enceinte, une jambe dans le plâtre, assise par terre qui tendait la main aux passants.

Je fus ému par cette misère. L'indifférence des passants me choqua davantage.

Voilà l'occasion de poser un bon geste. Je m'approchai et lui tendit un billet de cinq cents francs. La jeune femme murmura un tout petit merci timide, sans oser lever les yeux vers moi, probablement trop gênée et humiliée d'avoir à quêter de la sorte.

Je m'éloignai gonflé d'orgueil et de fierté.

Je ne crois pas que personne n'avait donné autant que moi.

Je me retournai pour me convaincre que j'avais été à la hauteur de la situation et pour m'assurer de la reconnaissance d'un geste si désintéressé de ma part.

Quelle ne fut pas ma surprise d'apercevoir la jeune femme retirer un faux ventre et un faux plâtre et déguerpir à toute allure. J'en tirai la leçon que le prix à payer est proportionnel à la démesure de notre orgueil...

47- Commencez au haut de l'échelle.

Et vous serez le premier à tomber en bas.

Quoi qu'on fasse, rien n'arrive en claquant des doigts. On peut sauter certaines étapes, mais on ne peut sauter toutes les étapes.

Le temps ne respecte pas ce que l'on fait sans lui.

Le temps a tout son temps. Faites-vous un allié du temps.

Le temps est votre meilleur associé. Celui qui agit pour tuer le temps ou qui regarde passer le temps, se trompe. C'est le temps qui vous regarde passer et c'est avec le temps que vous finirez par mourir.

Profitez du temps pendant que vous avez le temps et qu'il est encore temps.

48 - Le cancer.

Même le mot fait peur.

Et un bon jour lors d'un examen de routine votre médecin vous apprend que vous êtes atteint d'un cancer.

Lorsque mon frère cadet fut confronté à cette terrible nouvelle, il réagit sur le champ.

- Je vais lui livrer bataille à ce cancer!

Sa vie changea de façon draconienne. Il visita les meilleurs spécialistes, passa les examens les plus douloureux, visita des guérisseurs de toutes sortes, alla voir des charlatans, fit des prières, changea son alimentation, fit de la visualisation positive (celle où vous voyez à l'intérieur de vous, les globules rouges dévorer les globules blancs..)

Le combat fut féroce, extrêmement féroce, une lutte de tous les instants.

Mais qui dit combat, dit gagnant et perdant. A la même époque j'appris que je souffrais moi

aussi d'un cancer, l'un des plus mortels, le cancer du poumon.

Verdict du médecin: Un mois et demi à vivre, avec un peu de chance... deux mois. A moins que... J'ai accepté le verdict sur le champ. Si j'ai deux mois à vivre et bien je vais les vivre. Aucune bataille en vue, j'optai pour l'indifférence et mentalement je mis de côté le verdict médical.

Je ne changeai rien à mon quotidien. On m'enleva le poumon gauche et je continuai à vivre.

Deux ans plus tard, second cancer, cette fois du mésentère. Pronostic semblable, quelques mois tout au plus. Même attitude de ma part, l'indifférence.

Je savais que l'indifférence rendait imperméable à tout. Dans cet état d'esprit plus rien ne pouvait m'atteindre ou avoir d'emprise sur moi.

Et je suis toujours là.

Au fait, mon frère lui, a perdu son combat...

49- Accrochez-vous à votre rêve.

Même s'il ne se réalise jamais.

Car il est plus important d'avoir un rêve que de le réaliser.

Un ami de mon père, venait souvent à la maison car nous avions un vieux piano. Après le dîner il s'installait devant ce vieux clavier fatigué et lui redonnait toute sa jeunesse.

Il passait de la musique contemporaine au plus grandes oeuvres classiques avec un doigté raffiné. Tout le monde s'extasiait devant son talent.

Cet homme était soudeur de métier, mais ce qu'il regrettait le plus c'était de ne pouvoir gagner sa vie à jouer du piano. Mon père arriva à le convaincre d'essayer. Malgré sa grande timidité, il tenta de se faire engager dans les cabarets et les boîtes populaires de l'époque. Mais personne ne voulait d'un soudeur comme pianiste.

Il décida d'organiser des concerts privés chez lui à sa maison de campagne.

D'abord trois ou quatre fois par année, puis ensuite une fois par mois.

Sa renommée locale grandissait.

Puis un jour, un jeune lui demanda de lui enseigner, puis un deuxième, un troisième et il dut finalement abandonner son métier de soudeur pour se consacrer à l'enseignement.

Lorsqu'il parlait de sa nouvelle vie, ses yeux s'illuminaient.

- Tout ce qu'il me reste à réaliser, disait-il, c'est de donner un concert dans la plus grande et plus belle salle de la région.

Une semaine avant de se produire sur scène en concert, il fut victime d'une crise cardiaque.

Sur son lit de mort il dit à mon père: - J'entends la musique de l'autre côté, c'est merveilleux, je crois qu'ils préparent un beau concert mais il ont besoin d'un pianiste.... j'arrive.

50-Làoùçafaitmal.

La douleur peut autant être physique que morale. Mais laquelle des deux fait le plus mal?

Selon moi, qu'elle soit morale ou physique, la règle des trois seuils de douleur s'applique.

En fait c'est nous qui décidons du niveau du seuil de cette douleur.

Seuil physique:

Par exemple, vous recevez un violent coup de marteau sur le pouce. Vous dansez, vous criez, vous hurlez, vous vous évanouissez ou même vous mourez. Mais oui, d'un seul coup de marteau! Seuil moral ou mental:

La même règle s'applique. Vous apprenez le décès soudain d'un être cher.

Vous pleurez toutes les larmes de votre corps, ou vous criez, ou vous perdez conscience, ou le choc de la nouvelle vous terrasse à votre tour...

En contrôlant nos émotions on apprend à contrôler et à choisir le seuil de douleur à supporter.

51- Pourquoi moi?

Lorsque nous traversons une épreuve ou que nous subissons un coup dur, il nous arrive de dire, mais pourquoi moi?

Pourquoi une telle chose m'arrive à moi?

Lorsqu'on m'apprit que je souffrais d'un cancer et que mes chances étaient presque nulles, je me suis aussi posé la question, pourquoi moi?

Pourquoi tout finirait bêtement comme ça?

Si je me posais la question intérieurement la réponse me vint de l'extérieur.

Un jour dans ma salle de bain, je laissai tomber le bouchon d'une bouteille de lotion après-rasage. En me baissant pour le ramasser, j'aperçus une toute petite bestiole noire qui courait dans tous les sens. Je m'assis sur le bord de la baignoire afin de l'observer.

Il existe des milliards d'insectes sur la terre.

Alors comment se faisait-il que celle-ci en particulier se retrouve à ce moment précis sur le carrelage tout blanc de ma salle de bain?

Je la regardais zigzaguer dans tous les sens.

Qui était-elle et que cherchait-elle ? Où allait-elle, d'où venait-elle?

Peut-être, me dis-je, qu'elle vient en éclaireur, peut- être a-t-elle été abandonnée par le reste de la bande, peut-être est-ce une maman à la recherche de nourriture pour ses petits qui attendent dans un coin.

Peut importe la raison, pourquoi allais-je tolérer la présence d'une bestiole qui était peut-être le signe avant-coureur d'une invasion massive de ses semblables?

Beaucoup de peut-être dans ma tête et pourtant, c'était à moi de décider de son sort.

- Si elle vient vers moi me dis-je, je n'ai qu'à lever le pied et à l'écraser avec ma grosse semelle.

- Mais, elle vient vers moi. Comment peut-elle être si inconsciente?

Elle ne se doute donc pas un instant du sort que je lui réserve?

Je levai le pied et attendit. Le talon bien posé et la semelle soulevée prête à l'attaque.

- Allez ma belle, approche encore un peu, ici c'est le terminus.

Une légère pression avec le pied et je ne sentirais même pas une vie se terminer...

Trop conscient du pouvoir terrible que je détenais, je retins mon geste.

Elle passa sous ma semelle comme si rien n'entravait sa route, sans se soucier à quoi elle venait d'échapper et je la laissai filer vers une autre liberté, qu'elle ne contrôlait pas.

Dans ce moment de réflexion je me dis:

- Et si là-haut, il existait une grosse semelle qui nous regarde passer.. .et qui décide de nous écraser ou non...

52- Explique-moi la mort!

Deux jours avant qu'il meurt, je rendis visite à mon frère, à l'hôpital.

Il souffrait terriblement et il savait que la fin était proche.

Je posai ma main gauche sur son front. Il leva les yeux vers moi et me dit:

- Je sais que je vais mourir et j'ai très peur. Explique-moi la mort.

Il me prit par surprise, un peu comme un jeune enfant qui vous demande comment on fait les bébés.

Il me fallut trouver des mots, ces mots qui expliquent l'inexplicable.

- Vois-tu, lui dis-je, si je te tire les cheveux ça te fait mal, parce qu'ils sont vivants. Mais si je coupe une mèche de tes cheveux et que je la jette par terre, tes yeux peuvent regarder ces mêmes cheveux sans aucune émotion.

Ils sont morts et inutiles.

Lorsque ton âme et ton esprit quittent ton corps, ils deviennent la mèche de cheveux.

Je ne sais pas pour mon frère, mais moi j'y ai cru...

Si seulement j'avais pu mettre en pratique tout ce que je viens d'écrire...

Vous est-il déjà arrivé de vous présenter au tertre de départ avec une légère crainte de manquer votre premier coup?

Et effectivement vous ratez votre coup, pire vous fendez l'air.

Vous sentez l'angoisse vous envahir, allez-vous réussir le prochain coup?

Et il y a de fortes chances que vous n'obteniez qu'un roulé cahoteux d'une dizaine de mètres.

Votre confiance est alors complètement anéantie.

Faites-vous partie de ceux qui refusent de jouer dans un tournoi par crainte du ridicule devant des collègues, des amis ou des connaissances?

Faites-vous partie de ces golfeurs qui courent les magasins de golf dans l'espoir de trouver un équipement qui leur permettra de sauver une dizaine de coups?

Le meilleur et le plus cher de tous les équipements de golf ne vous sera d'aucun secours si votre technique est déficiente.

Conclusion

Comme vous avez pu le constater à la lecture de ces 7 chapitres, le bonheur n'est pas quelque chose d'automatique, mais c'est quelque chose qui se décide et qui se construit chaque jour.

Le bonheur est un état intérieur, une capacité que vous allez développer à chaque instant en ayant des buts dans la vie, en acceptant et aimant ce qui vous entoure, en comprenant que vous n'êtes pas vos pensées, ni vos conditions de vie et encore moins vos comportements.

Ce que vous êtes réellement, au-delà de tout cela, vous le découvrirez en acceptant vos émotions et vous serez alors en mesure de créer votre propre réalité.

Pour être heureux, vous devez répondre à vos besoins essentiels, vous devez nourrir votre corps, mais également votre esprit et votre être intérieur. Pour connaître vos besoins essentiels, vous devez être à l'écoute de vous-même, de ce que vous ressentez en vous, sans vous laisser piéger par l'illusion de vos pensées.

Pour être heureux, vous devez augmenter votre niveau de conscience de vous-même et de la vie. Vous devez avoir un autre regard sur tout ce qui est, le regard du coeur, le regard de l'amour et non plus le regard du mental.

Pour être heureux, vous devez vous libérer de vos pensées, vous devez vous libérer du jugement et de l'analyse des choses. Vous devez les accepter et les vivre intensément au lieu de les penser.

Chaque fois que vous pensez, vous vous déconnectez de la réalité pour vivre dans une illusion, vous vous contentez de regarder un film au lieu de le vivre réellement.

Le bonheur, c'est quelque chose qui se vit, ce n'est pas quelque chose qui se pense.

Il faut du courage pour être heureux, il faut accepter de s'engager volontairement et intensément dans l'aventure de la vie, il faut accepter de créer les choses plutôt que de les subir.

Il est impossible d'expliquer avec des mots ce que l'on ressent lorsque l'on est profondément amoureux à quelqu'un qui ne l'a jamais été. En écoutant nos explications il pourra tout juste se faire une idée intellectuelle, une représentation mentale des choses, mais il ne sera pas amoureux pour autant.

C'est la même chose si vous voulez décrire le parfum d'une rose à quelqu'un qui n'en a jamais senti une. Jamais il ne pourra connaître ce parfum avec vos seules explications.

Dans le cas présent, le but de ce livre n'est pas de vous rendre heureux et encore moins de vous expliquer ce que vous pourrez ressentir lorsque vous serez heureux et comment sera votre vie, c'est impossible.

Le but est de vous montrer le chemin, de vous montrer la direction pour vous mettre en route, de vous aider à un faire un pas supplémentaire dans ce sens — le premier pas pour certain.

Ce n'est que lorsque vous serez en chemin, que ce que vous avez lu fera vraiment sens pour vous car à ce moment, cela raisonnera avec ce que vous êtes en train de vivre. Vous n'intégrez correctement les choses que lorsque vous les vivez en vous. La compréhension intellectuelle est totalement virtuelle, seul le vécu est réel.

Je souhaite de tout coeur que ce livre vous fasse prendre conscience d'un certain nombre de choses, qu'il vous apprenne à mieux vous connaître et qu'il vous donne envie d'aller découvrir par vous-même les secrets de la vie et de les partager avec les autres.

PILLAY marie elda